ALFRED DEHODENCQ

HISTOIRE D'UN COLORISTE

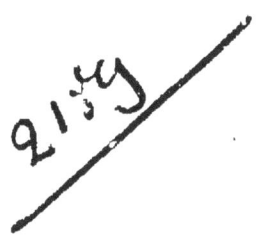

GABRIEL SÉAILLES

ALFRED DEHODENCQ

HISTOIRE D'UN COLORISTE

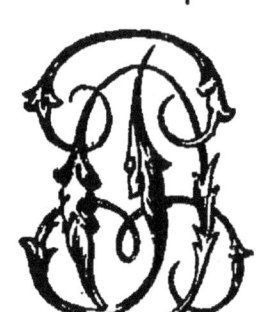

PARIS

PAUL OLLENDORFF, ÉDITEUR

28 *bis*, RUE DE RICHELIEU, 28 *bis*

—

1885

« S'il plait au hasard d'é-
pargner cette plaquette jusqu'à l'époque où nos petits-
fils étudieront respectueuse-
ment tes ouvrages, comme
ceux d'un des plus puissants
coloristes de l'Ecole française, ton nom, écrit sur la
première page du livre, at-
testera alors que, parmi les
admirateurs de ton talent,
aujourd'hui si élevé et toujours grandissant, nul n'aura
été plus ardent et plus sincère
que ton vieil ami. »

Théodore DE BANVILLE.

« On ne peut jeter les yeux sur la vie de
certains artistes, dit M. Ph. Burty, sans être
frappé de l'insistance de la fatalité à les poursuivre. Un sceau particulier les a marqués dès
leur naissance, et tout'a concouru à leur perte...
Leur nom n'est répété que dans un cercle de

gens d'élite, dont les arrêts discrets ne frappent l'oreille ni de la foule, ni des puissants... Ils tombent enfin, sans être certains qu'un attentif aura eu le temps de recueillir leur nom. »

A quelques mots près, ces lignes semblent avoir été écrites pour Alfred Dehodencq. Ce peintre de grande race a eu le succès, il n'en a jamais joui. Lui qui possédait si bien l'art de peindre, il n'a jamais connu l'art de réussir; il l'a ignoré de parti pris. Au moment où il découvrait l'Espagne ; où son *Combat de Taureaux*, ses *Bohémiens*, sa peinture inattendue le désignaient à l'admiration des Mérimée, des Th. Gautier, des Paul de Saint-Victor, ouvraient aux jeunes les horizons d'un art nouveau, tout de vie et de vérité, sorte de génie anonyme, il était loin, il ne se montrait pas. Lui seul ne se souciait point de lui-même. Il achevait son talent, il assouplissait sa main, il se pénétrait de soleil, il s'emplissait les yeux des types, des images radieuses, des visions magiques de l'Orient; il faisait vivre en lui, à force de le recréer, ce monde immobile et agité qui l'enchantait. Dans ce siècle de presse et de hâte, où il faut arracher les fruits de l'arbre avant leur maturité, si on veut les cueillir, il disait : « J'ai le temps, ce n'est rien encore, attendez ! » Il s'oubliait là-bas et il se laissait oublier. Quand il revint, on affecta de ne plus le reconnaître. C'était en 1863, sous l'empire, tout le monde à la curée. Que demandait ce revenant ? Il demandait peu de chose, de quoi vivre silencieusement, de quoi travailler sans trop d'angoisses, sans trop d'inquiétudes pour les siens, loin des coteries et des intrigues. C'était trop ou pas assez. Alors commencèrent les années douloureuses, la lutte terrible qu'il soutint jusqu'au dernier jour, jusqu'à ce que le pinceau lui tombât des mains.

Aujourd'hui que l'on dit l'avenue de Villiers comme on dit la rue du Sentier, que l'art est si bien du commerce qu'il a ses libres-échangistes et ses protectionnistes, et qu'il est mis dans la balance avec le porc salé, c'est plaisir de conter une vraie vie d'artiste, une belle vie héroïque, pleine de dignité, de souffrances et d'amour, une histoire d'autrefois, qui date d'hier. Ce n'est pas la moins poignante des œuvres d'un artiste, comme Dehodencq, que sa vie. Quelle puissante harmonie met dans ce drame réel cette continuité d'une passion et d'une volonté qui en traverse tous les épisodes ! Non qu'il s'agisse ici de morale en action, il s'agit d'une vie inquiète, agitée, pleine d'imprudences et d'emportements, sur laquelle plane la fatalité d'une sensibilité excessive, d'une susceptibilité aiguë, d'un caractère indomptable, incapable de se soumettre aux conditions humiliantes de la vie réelle.

———

HISTOIRE D'UN COLORISTE

I

La vie d'un artiste c'est l'histoire de son talent et de ses œuvres. Mais chez un artiste personnel, qui se met tout entier dans ce qu'il fait, le talent révèle le caractère, les œuvres racontent la vie. Alfred Dehodencq est né à Paris le 22 avril 1822. Il était fils d'un officier, qui donna sa démission au moment de son mariage, entra dans les affaires pour lesquelles il n'était pas fait et mourut jeune, avant d'avoir pu intervenir efficacement dans l'éducation de son fils. Restée veuve de bonne heure, avec un fils et une fille, Mme Dehodencq se donna à ses enfants tout entière. C'était une femme très distinguée. Elle avait cette réserve et ce ferme bon sens, que donne aux femmes la responsa-

bilité d'elles-mêmes ; ce détachement de soi, qui
naît de certaines douleurs en certaines âmes ;
et dans l'intimité, pour son fils surtout, cette
tendresse jeune qui reste au fond des cœurs non
satisfaits. Elle mit à l'éducation de son fils toute
sa délicatesse de femme, avec cette fermeté
charmante des mères ambitieuses qui savent
ce qu'elles peuvent et ce qu'elles doivent. Le
caractère de Dehodencq, séduisant et redoutable, l'attachait passionnément : on ne pouvait
l'aimer à demi. Il avait déjà ces emportements
soudains ; ces susceptibilités excessives ; ces
retours charmants ; ces longs silences qui l'en-
fermaient en lui-même ; ces épanchements in-
volontaires qui le livraient tout entier. Sa mère
ne l'attaquait pas de front, son art était de lui
dire au moment voulu ce qu'il pensait ; elle était
comme la meilleure partie de lui-même, la voix
de sa conscience. Elle savait ne point abuser
contre lui de ses défaillances, ni, ce qui est
plus rare peut-être, de ses qualités. Quand il le
fallait, elle l'aimait sans rien de plus. Elle ne
douta jamais de lui, elle ne lui en voulut jamais
d'être malheureux, et elle se sacrifia jusqu'au
bout sans se plaindre.

Moins précoce que lord Byron, à dix ans il
était malade jusqu'au délire d'un amour d'en-

fant, dont il refusait obstinément de révéler
l'objet. Il fallut le changer de milieu pour l'en
distraire et le guérir. Il apportait à tout cette
ardeur de passion. Ses naïvetés d'enfant étaient
de grands rêves ambitieux. La première lueur
du génie c'est l'admiration : il la poussait
jusqu'à l'enthousiasme. Chateaubriand était son
dieu. Les grandes forêts inviolées, qui portent
la majesté des cathédrales dans leurs ombres
mystérieuses ; les tempêtes de l'Océan qui se
soulève comme un tumulte de pensées violentes ; les solitudes, leurs silences et leurs
bruits ; cette nature vierge, vivante, pleine
d'âme le ravissait, et, par-dessus tout, ce cœur
fier, dédaigneux et tourmenté, plus grand que
toute cette nature qui n'en pouvait remplir le
vide infini. Voir Chateaubriand devint son idée
fixe, surprendre dans les yeux du poète le reflet
de ses visions magiques, lui voler dans un regard quelque chose de son génie. Il le guettait
au passage, sans succès, Enfin, un matin, il
aperçut un vieillard qui s'avançait grave,
attristé, avec ce je ne sais quoi d'écrasé que
donne la vie aux plus forts. Des bourgeois vol-
tairiens se montraient René en ricanant. Il regarda le vieillard avec des yeux pleins de larmes, le salua et s'enfuit. Il avait vu un grand

homme ! Dans l'instant de rêverie qui suivit cette
scène muette, j'ai toujours entendu Chateaubriand murmurer : « Voilà un pauvre enfant
qui n'a pas fini de souffrir ! »

Mais déjà dans l'enfant passionné l'artiste apparaissait. A huit ans, il faisait d'après son père
un croquis au crayon, qu'on a gardé et qui
atteste, avec une vision très juste, une intelligence surprenante de la physionomie. Il était
né peintre. On s'en étonnait, on s'en inquiétait.
Au moment de partir pour l'Espagne (août 1849),
Dehodencq écrivait, non sans amertume : « Je
suis de plus en plus fixé sur le prix qu'on doit
attacher à ce qu'on appelle un don de la divinité. » C'est, il faut bien l'avouer, une terrible
chose que le don de Dieu. Un peintre habile, à
qui l'émotion superficielle laisse son sang-froid,
qui possède son art au lieu d'en être possédé,
peut arriver à tout. Mais celui qui peint comme
il vit, comme il respire, par une sorte d'instinct,
celui qui a la fatalité d'un tempérament personnel, et dont tout l'être est impliqué dans son
art, il est incapable de concessions, de sacri-
fices, et s'il n'a pas une sensibilité moyenne,
une âme facilement accessible, il est condamné.
La passion et, comme préparé dans l'organisme,
un instrument délicat, propre à en noter tous les

mouvements, une imagination vive et une main qui, par un mystérieux accord, obéit aux images que suscite l'émotion, c'est le peintre même. Mme Dehodencq était trop intelligente pour s'opposer à une vocation que son fils subissait. Elle voulut seulement qu'il fît ses études. Il entra dans une grande institution qui suivait les cours du collège Bourbon (lycée Condorcet) : c'est là qu'il connut Théodore de Banville, qui jusqu'au dernier jour lui resta fidèlement attaché.

A dix-sept ans, il entrait dans l'atelier de Léon Cogniet. Léon Cogniet était un excellent maître, il n'en faut d'autre preuve que la liste des hommes de talent qu'il a formés. Son ardeur d'intelligence n'était pas la verve d'un artiste, que son tempérament emporte, c'était l'enthousiasme d'une conviction réfléchie. Il ne manquait pas d'émotion, mais le trait dominant de son talent semble avoir été l'entêtement d'une volonté forte, éprise d'un idéal élevé, un peu abstrait et impersonnel. Il aimait son art comme on aime la vertu. Peintre consciencieux et sage ; dessinateur correct, élégant, sans style, si le style est l'accent personnel ; capable d'ordonner avec goût une composition dramatique et d'exprimer clairement son émotion et sa pensée dans le langage pittoresque, il savait de l'art tout ce qui en peut être enseigné. Les Raphaël, les Michel-Ange, les Rubens sont des maîtres, ils ne sont pas des professeurs; ils suggèrent plutôt qu'ils n'enseignent; ils créent des peintres par la seule fécondité de leur génie qui rayonne autour d'eux, se transmet et se propage. Leurs élèves sont comme les enfants, qui reproduisent, avec des variations inattendues, les traits de leurs pères. Léon Cogniet pouvait donner à ses élèves tout ce qu'il possédait lui-même sans nuire à leur originalité : il n'avait ni le danger des défauts faciles à imiter, ni celui des qualités irrésistibles. L'étroitesse inévitable, qui peut-être est la condition d'un goût très sûr, n'était à l'atelier que la tradition des fortes études. Le respect, qu'imposait le caractère du peintre, l'élévation de sa pensée donnait à son enseignement, si j'ose dire, l'autorité d'une direction morale.

Il s'attacha à Dehodencq avec une sorte de passion. Il aimait en lui les qualités qu'il n'avait pas lui-même. Cette nature inégale, mais que ses inégalités d'un élan portaient au sommet, le séduisait, non sans l'effrayer. Il sentait le prix de cette spontanéité, de cette verve, de cette vie tour à tour débordante et contenue;

il admirait les dons de premier ordre, la vision originale, l'exécution puissante, nerveuse, des morceaux peints magistralement, comme d'un coup de pinceau ; il craignait les négligences, les excès d'audace, les défaillances d'un génie intermittent. Il lui fit faire les sérieuses études sans lesquelles les dons les plus précieux ne servent de rien. Un artiste doit avant tout savoir son métier. Il ne faut pas qu'il soit réduit à attendre les hasards heureux, que les moyens d'expression tout à coup manquent à son sentiment. Il faut aussi qu'il trouve dans la science acquise de quoi remplir les intervalles de l'inspiration qui veut être sollicitée.

Dehodencq dut à Cogniet la forte éducation qui lui était plus nécessaire qu'à un autre, cette maîtrise que ses emportements parfois dissimulent, mais qui toujours par quelque trait se révèle à l'œil clairvoyant. Il n'oublia jamais ce qu'il devait à son maître. Il écrit d'Espagne : « Mon plus cher désir est d'entendre M. Cogniet me dire un jour : c'est bien, je suis content, voilà ce que j'attendais de vous. » Cogniet attendait tout de Dehodencq. Il le considérait comme le premier parmi ses élèves. Il allait jusqu'à lui confier les intérêts de sa réputation. Deux de ses portraits les plus fameux ont été peints par Dehodencq, les mains notamment, qui ne furent pas retouchées et qu'on admira plus que le reste. C'était beaucoup pour un élève de peindre des mains, dont Cogniet, le consciencieux, acceptait la responsabilité, et dont on croyait devoir lui faire honneur. Plus tard ils se séparèrent; peut-être ne s'étaient-ils jamais compris.

Dehodencq débute au salon de 1844 avec trois tableaux : *une Sainte-Cécile en adoration*, l'*Orpheline*, *un Portrait*. Il avait vingt-deux ans. J'ai pu voir l'*Orpheline* : c'est une jeune fille vêtue de noir, l'air mélancolique. On ne retrouve dans cette peinture ni les grandes qualités, ni les grands défauts qui feront l'originalité de Dehodencq. C'est une peinture aimable avec des qualités de chaleur dans le ton qui annonce le coloriste et une correction qui prouve qu'il était bien armé pour la lutte. Les années suivantes, il expose encore des tableaux religieux : *Saint Étienne traîné au supplice* (1846), *la Visitation* (1847), *le Christ au tombeau* (1848). Comme tous les maîtres, il cherche sa voie, il achève d'apprendre le langage pittoresque, de s'en approprier tous les moyens d'expression.

Mais déjà il a donné toute sa mesure dans un genre, où la médiocrité est facile et insupportable. Dès le début, Dehodencq a été un grand portraitiste et il l'est resté jusqu'à la fin de sa vie. Ce contact avec la nature lui a toujours été salutaire. Sa verve, contenue par la nécessité de l'imitation, n'était plus que la puissance de donner la vie, et sa haute intelligence, servie par son merveilleux instinct de peintre, lui révélait l'homme intime dans la forme, les traits et l'attitude. En 1846, à peine âgé de vingt-quatre ans, il avait sa première médaille avec un portrait d'homme. On lui conseillait de s'en tenir là, de s'enfermer dans cette spécialité où il excellait. C'était le succès assuré et avec le succès la fortune. Mais il était trop artiste pour s'emprisonner dans un genre. Il était jeune, avec l'ambition des grandes choses, avec l'illusion des forces infinies qu'on dépense dans des rêves d'action héroïque. Il lui fallait l'avenir ouvert, l'espace libre. Il n'était pas de ces hommes économes d'eux-mêmes qui, dès qu'ils ont découvert le petit champ de leur activité, le limitent, s'y installent et lui font produire tout ce qu'il peut rapporter. Dehodencq était un prodigue, une nature de nomade et de conquérant, qui dépense royalement sa vie sans compter.

Déjà il a la nostalgie du soleil plus chaud, de

la nature plus riche, plus éclatante, du ciel toujours bleu. Notre doux printemps, en le charmant, évoque en lui les rêves d'Orient. *Les mille et une Nuits*, qu'il a tant aimées dans son enfance, *Paul et Virginie*, Chateaubriand, lord Byron, plus que tout le reste, l'amour de l'inconnu, le désir de beautés nouvelles, je ne sais quel instinct de migration vers les contrées où son talent l'appelle, tout lui donne comme le besoin et le pressentiment d'une marche vers la lumière :

« Le printemps, écrit-il, fait plus ardent cet
« amour de la nature que Dieu a mis en moi...
« Le coude appuyé sur ma petite fenêtre, je
« passe des moments de bonheur, me laissant
« pénétrer de ce calme profond de la nature,
« ne pensant à rien, tout entier au léger bruis-
« sement des feuilles, au chant des oiseaux, aux
« mille bruits des choses. Je regarde les papil-
« lons et les abeilles voltiger en tout sens sur
« mon pommier en fleurs. Là je suis bien loin
« du monde. Je me transporte en imagination
« dans ces beaux pays de l'Orient, où un ciel
« toujours pur, des arbres toujours en fleurs
« portent une douce sérénité dans l'âme. C'est
« sous un tel climat qu'est née la philosophie.
« Dans nos froides régions, la températur

« change sans cesse, tout s'en ressent ; nos
« idées suivent le mouvement de la nature,
« elles changent continuellement ; ainsi s'expli-
« quent cette versalité et ce besoin d'activité
« qui nous dévorent. Sous le beau ciel du Midi
« toujours égal, l'homme est maître de ses fa-
« cultés, de là la grandeur et la dignité de ses
« ouvrages (1). » Ce ne sont pas ces images
idylliques, évoquées en une heure d'apaisement,
que Dehodencq rapportera d'Orient.

La Révolution de 48 éclate. La nuit du
23 février, on entend le tambour dans les rues.
Dehodencq ouvre sa fenêtre, il aperçoit un tom-
bereau chargé de morts, qu'entoure en poussant
des cris de vengeance une foule bizarrement
éclairée par des torches. Il s'emplit les yeux et
l'esprit de ce spectacle ; il en fixe en lui l'image,
et le voilà à l'œuvre sans trêve, sans repos.
Deux jours après il exposait la *Nuit du 23 Février*. Ce dessin poignant, c'est la réalité même,
arrêtée dans un de ses aspects fugitifs, non par
un instrument indifférent, mais par une imagination toute pénétrée de l'émotion qui se
dégage des choses. Un homme en bras de che-

(1) Cette lettre, dont je n'ai trouvé que le brouillon, peut
être rapportée aux années 1845 ou 1846 : les tableaux qu'il
projette alors l'indiquent.

mise, débraillé, bat du tambour à grands coups ;
un peu derrière, lui allonge le pas, déhanché, le
gamin de Paris, sans lequel il n'y a pas de bonne
révolution ; autour du chariot une foule étran-
gement armée, une femme égarée, éperdue, des
bras qui agitent des torches, dont la lumière
monte fumeuse avec des reflets sinistres dans
l'ombre. C'est un cauchemar qui traverse la
nuit. Voilà Dehodencq avec ses grandes qualités ; cette vision rapide comme l'émotion,
prompte comme la réalité ; cette éloquence de
l'attitude et du geste ; cette exécution pleine de
verve, qui a les frémissements de la vie, l'agitation de la foule ; et, sur tout cela, cette profonde intelligence des types, qui donne à une
œuvre, née d'un sentiment soudain, la réalité
de l'histoire et la valeur d'un document du-
rable.

Le dessin, pour le peintre, n'est trop souvent
qu'un moyen de déterminer les grandes lignes
d'une composition, d'en arrêter les contours,
une première expression incomplète par soi.
Dehodencq savait composer un dessin, lui donner
le mouvement et la couleur. En ce sens il n'é-
tait pas seulement un peintre, mais un dessinateur de premier ordre. Aussi, dans ses tableaux
mêmes, le dessin n'est pas isolé de la couleur,

il en participe, il fait avec elle un tout, un langage subordonné à l'émotion : il peut aller contre certaines conventions, devenir incorrect, si on le conçoit comme une ligne et un contour arrêté, il n'est jamais banal, il reste toujours éloquent et expressif. La ligne n'a pas la sécheresse d'une formule géométrique, elle suit l'ondulation de la vie ; elle est agitée, vivante, humaine. Un jour Delaroche, à l'École des Beaux-Arts, corrigeait les dessins. Il arrive devant celui de Dehodencq, s'arrête, le regarde longuement : « Oh! on dirait un dessin de Prudhon ! » et il passe. Prudhon! un homme dont le dessin est un sentiment. A propos du tableau des *Bohémiens au retour d'une fête* (1853), un critique, dont je ne retrouve pas le nom, écrivait : « Sa philosophie et son intelligence sont de la même famille que celles de MM. Raffet et Bida, ce qui n'est pas peu dire. » Le style est médiocre, l'idée est juste. « Chez ce grand artiste, dit un autre critique, le coloriste puissant est doublé d'un dessinateur sentimental (1). » C'est la même idée sous une forme un peu précieuse. J'aime mieux ce que me disait Théodore de Banville à peu près en ces termes : « Je ne

(1) ULRICH DE VIEL CASTEL. — *Portraits à la plume.* Avril 1877.

connais que Daumier qui ait eu, au même degré
que Dehodencq, le sens du dessin expressif.
Forcez les traits caractéristiques, vous avez la
caricature, la seule qui compte, celle qui est
l'exagération de la vérité, la nature se raillant
elle-même. Dehodencq s'arrête au type, il ne le
dépasse pas, mais il le dégage avec une clarté
qui en fait saillir tous les traits. Un pas de plus,
vous avez la caricature ; voyez ses *Mobiles ;*
vous avez Daumier. De l'un à l'autre il y a la
différence d'une sensibilité. »

En 1849, Dehodencq exposait : *Virginie trouvée morte sur le rivage.* « Pauvre fille ! écrit-il,
que j'ai tant rêvée, tant aimée (1) ! » J'en ai
l'esquisse sous les yeux, elle est très belle.
Plus de ces hésitations, de ces timidités, qui
font assister au travail du peintre, à ses petites
réflexions ; c'est d'un jet. Le corps de la jeune
fille est étendu sur la plage, il semble qu'il ait
gardé quelque chose de l'ondulation de la vague
qui l'a porté, tant la ligne en est noble et souple.
Les cheveux sont dénoués, la tête de profil, un
peu renversée en arrière, dégage le cou et les
épaules nues, allonge la courbe du corps qui,
très douce, part du front, se continue par la

(1) Madrid, Avril 1850, à sa sœur Mme Dubois.

poitrine et, sans se briser, se prolonge jusqu'aux pieds d'un mouvement de caresse lente et qui s'attarde. Le bras droit, ramené le long du corps, comme pour maintenir les vêtements, semble avoir gardé l'attitude suprême de cette pudeur, pour laquelle elle a voulu mourir. Agenouillé à sa tête, le corps noir de Dominique, qui se désespère, et, apparaissant à côté du rocher, le vieillard qui accourt. Mais ce qui surtout me frappe dans cette esquisse, ce sont les qualités du coloriste qui s'y révèlent. Un vrai coloriste, ce n'est pas seulement un homme qui sait accorder des couleurs, c'est un homme dont les sentiments trouvent leur expression dans l'harmonie des tons, dans cette musique dont on ignore les règles, dont on éprouve le sens irrésistiblement. La lumière et la couleur ont quelque chose de triste et de passionné. Le ciel et la mer troublés, assombris, sillonnés de lueurs fauves, enveloppent la scène de leurs ombres, dont les personnages émergent sans en rompre l'unité, jusqu'au cadavre de la jeune fille d'une lueur phosphorescente. Je trouve ce fragment de journal découpé : «... la pauvre « jeune noyée. Quelle solidité ! quelle largeur ! « quelle sûreté! quel aplomb ! quelle unité! Se « douterait-on que la brosse qui a peint ce

« grand morceau avec tant d'aisance et de vi-
« gueur, ait été tenue par une main que les
« balles fratricides de Juin ont mutilée. M. De-
« hodencq est certainement un des jeunes gens
« qui promettent le plus à l'heure qu'il est. »
La vérité est qu'il s'était mis à peindre de la
main gauche. Presque aussitôt il avait fait passer
d'une main à l'autre cette adresse, cette docilité
du mouvement à suivre l'émotion, qu'il est si
difficile d'acquérir. Que de problèmes curieux
dans ce simple fait! Le rapport de la vision
pittoresque au mouvement qui lui répond, par
suite, de la conception à l'exécution; la sympathie des membres symétriques, des centres
nerveux de l'hémisphère droit et gauche! Que
d'autres tirent les conséquences! Mais c'est là
toute une histoire et qu'il faut conter; car cette
aventure a décidé des destinées d'Alfred Dehodencq; elle a fait de lui le peintre de l'Espagne
et du Maroc, et aussi le malheureux, l'oublié
qu'il devait être.

II

La Révolution de 48, dont il avait si puissamment évoqué la première convulsion, développait ses épisodes de poème bizarre et mal composé. Révolution étrange, faite pour la confusion des roués de la politique; révolution, dont on ne se sent pas le courage de médire, dont on se prend parfois à regretter les héros! Tant de rêves généreux! tant de foi et de bonne foi! Des choses d'un autre âge : la puissance du Verbe, de la parole ailée; Orphée apaisant les loups, leur donnant de nobles phrases en pâture; les rêveurs idylliques et farouches de l'île Utopie, assemblés au Luxembourg, avec la société pour champ d'expériences! Le tout, pour amener cette revanche des faits : la guerre civile.

Le 24 juin on se battait. Sur tous les points de Paris la fusillade crépitait. Il était quatre à cinq heures du soir. En haut de la rue du Faubourg-Poissonnière, près de la caserne, les mobiles rudement éprouvés respiraient. On lançait les gardes nationaux. Un tambour, un vieux soldat, en avant battait la charge. Ils avaient franchi la barricade, chaude encore de la bataille, qui fermait la rue Lafayette, et, trouvant l'espace libre, s'étaient jetés au pas de course dans le faubourg Saint-Denis. Là, un peu plus loin, en remontant vers le chemin de fer, une énorme barricade faite de pavés, de sacs de charbon de terre et d'une voiture de porteur d'eau renversée, se dressait. On allait silencieux le long des maisons. Une pluie diluvienne tombait. Un élève de l'École polytechnique, à plat ventre dans la boue, tiraillait. Un grand diable d'homme, un vieux en longue redingote olive, son pantalon de couleur incertaine trop court, son chapeau haut de forme, lustré par la pluie, chargeait son fusil, adossé aux maisons, s'avançait au milieu de la rue, faisait face et tirait sur la barricade sans hâte, avec une régularité tranquille. « Effacez-vous donc, vous allez vous faire tuer... Tiens! vous pleurez! — Oui, c'est embêtant de se tirer comme çà les uns sur les autres. » Et il continue son travail avec la ponctualité d'un comptable qui met son grand livre à jour. De temps en temps un homme portait brusquement la main à son ventre, à sa poitrine et s'affaissait, ou, frappé au front, était lancé tout d'une pièce la face en avant. Dehodencq auprès d'un ami lui disait : « Tout ce que je leur demande, moi, c'est de ne pas toucher à mon gagne-pain, » et il renouvelait l'amorce de son fusil, le coude écarté. Au même moment il reculait comme sous un choc et son fusil, lui échappant des mains, tombait en sonnant sur le pavé. « Ce n'est rien, un grand coup de bâton, là, au coude.» Ce n'était pas une balle, c'était une petite roulette ronde, qu'un insurgé, quelque tapissier des ateliers nationaux, lui avait logée au-dessus de l'articulation du coude. Par un miracle l'os n'était pas brisé. « Peux-tu marcher? — Oui. » Il fit quelques pas. « Je ne tiens plus, je tombe. » On l'emporta à l'ambulance, puis chez sa mère (1).

---

(1) Je tiens ces détails de M. Armand du Mesnil, l'ancien directeur de l'Enseignement supérieur au ministère de l'instruction publique, aujourd'hui conseiller d'Etat. C'est à lui qu'est dédié le livre d'Eugène Fromentin : *Un été dans le Sahara*. Tous ceux qui l'ont approché connaissent son esprit délicat et distingué.

On craignit longtemps que le bras ne demeurât enkylosé; jamais l'articulation du coude ne retrouva sa souplesse première. Rien n'était plus facile que de faire un héros de ce jeune peintre de grand avenir, dont la pensée semblait désormais arrêtée sur le chemin qui, du cerveau, la conduit à la main de l'artiste. On essaya ; on lui offrit la croix. Il refusa sans emphase. « Je ne veux être décoré que comme peintre. » Il y a des devoirs, auxquels on n'a pas le droit de se soustraire, qu'on accomplit douloureusement, mais pour lesquels on n'accepte pas de récompense. Il avait gardé un souvenir irrité de cette aventure, du bruit qu'on avait voulu faire autour d'elle. Il n'en parlait pas volontiers. Il pensait sans doute comme le vieux à la redingote olive. D'Espagne il écrit à sa mère (août 1850) : « Je souffre encore parfois de mon bras ; mais il me rappelle tant de gens et tant de choses bêtes que j'ai pris le parti de n'y plus penser. Il s'en est si peu fallu que je fusse un héros. »

En 1849, le bras restait douloureux et roide. Le docteur Berton ordonna une saison à Barèges. Barèges ce sont les Pyrénées, les Pyrénées c'est l'Espagne. Comment résister à la tentation, à l'inquiétude de l'inconnu, à la nostalgie du soleil qui depuis l'enfance le tourmentait ?

N'est-ce pas à Séville que naît le don Juan de
lord Byron? en cherchant bien n'y trouverait-
on pas le berceau, qui vit fleurir son plus délicieux amour, à l'heure où, le soleil s'étei-
gnant, la clarté trop douce de la lune s'épand
sur les choses et fond les âmes? Il fut décidé
que Dehodencq irait à Madrid, qu'il passerait là-bas quelques mois, le temps de découvrir ce monde et de l'emporter en images
ineffaçables. Il sentait l'heure solennelle, décisive. Sa royauté d'atelier, ses beaux portraits,
son dernier tableau avaient appelé sur lui
l'attention, il s'agissait de justifier les espérances
et de donner sa mesure. « Je vais donc voir se
réaliser ce rêve de mes jeunes années, l'Espagne... C'est maintenant que va se décider
pour moi une question bien grave, à savoir si
je suis réellement peintre dans toute l'accep-
tion que je donne à ce mot, et si j'aurai la
force de me plier aux exigences voulues pour
réussir! » Hélas! il ne devait réaliser que le
premier de ces vœux; ses qualités comme ses
défauts l'avaient prédestiné à la souffrance.

Au moment de ce départ pour l'Espagne,
Dehodencq a vingt-sept ans; il approche de
cet âge, où l'homme est en pleine possession
de lui-même, l'expérience ne faisant encore

qu'ajouter aux forces vives l'art de les mieux
diriger. Le portrait de lui, qu'il a peint à cette
époque, satisfait toutes nos curiosités. Si toute
peinture est une confidence, qu'est-ce donc
quand le peintre reproduit sa propre image?
Il ne dit pas seulement ce qu'il est, mais ce qu'il
voudrait être et paraître. La couleur est chaude,
l'exécution ferme (il peignait de la main gauche),
d'une verve ardente et contenue, qui trahit
l'homme. L'œuvre très belle, pleine de révélations, fait songer à ces portraits de Rembrandt,
où l'ombre sert au relief des traits expressifs, à
faire éclater plus intense la vie dans la lumière.
Il est à mi-corps, en veston d'atelier, la palette à la
main. Le front puissant; la tempe qui se creuse,
comme sous le coup de pouce d'un sculpteur
nerveux; le jet des cheveux noirs rebelles; la
flamme sombre des yeux, profondément enfon-
cés sous l'arcade sourcillière; la bouche déjà
triste; la lèvre inférieure légèrement avancée
dans une moue dédaigneuse; la ligne ferme du
menton césarien, tout annonce une nature im-
périeuse, contenue, comme ramassée sur elle-
même. Mais l'effort, qu'on sent dans cette con-
centration, la force déployée pour arrêter ce
masque mobile révèle par la tension du ressort
intérieur le mouvement contenu d'une sensibi-

lité excessive. Il est là tranquille, silencieux, à la façon d'un pistolet chargé. Dédaigneux, fier, avec la conscience de sa valeur, il répugne aux familiarités indiscrètes; il se défie des hommes, les tient à distance ; il ne veut pas se livrer; il écarte la foule, ou plutôt il la traverse avec le secret désir peut-être qu'elle se retourne sur son passage, avec la volonté qu'elle ne viole pas son mystère.

Ses auteurs préférés achèvent de nous donner les éléments qui entrent dans sa nature complexe. D'Espagne (1), il écrit à sa mère : « Je te prierai de m'envoyer : 1° ma *Chartreuse de Parme;* 2° mon Byron (qui m'est nécessaire ayant deux sujets commencés : don Juan et Lara); 3° don Juan, en Anglais cette fois ; 4° mon Shakespeare. » Joignez-y Balzac et Chateaubriand. Ce qu'il aime dans Balzac, outre la psychologie profonde, qui fouille les âmes jusqu'aux instincts primitifs, c'est la vie tumultueuse, l'intensité de la passion, qui vide la vie goutte à goutte ou d'un seul coup, la recherche de l'absolu, la puissance surnaturelle des volontés tenaces, la magie des désirs irrésistibles. Lord Byron et Chateaubriand donnent à l'ar-

(1) Madrid, 1850.

tiste la fierté du gentilhomme, qui ne veut pas
ressembler à la foule, qui est distingué parmi
les autres, parce que, sinon supérieur, il est
différent, René, Lara, Manfred, Caïn, des âmes
violentes et contenues, en qui se forment
d'étranges combinaisons de sentiments contraires ; la solitude dans une pensée impéné-
trable, dans quelque secret redouté ; la croyance
à la fatalité, cette superbe de l'homme qui se
flatte d'occuper le destin ; le dédain des conventions sociales ; l'indépendance d'un caractère que rien ne plie ; et, sur tout cela, le culte
de la noblesse native, l'horreur du médiocre,
de tout ce qui est vil, de tous les petits intérêts
qui forcent à courber la tête pour passer sous
leur niveau. A Stendhal il doit au moins « l'art
de se tourmenter de tout et d'un peu plus que
tout (1) » une subtilité d'analyse qui ne lui sert
trop souvent qu'à justifier ses imaginations, à
compliquer les sentiments et les actions des
autres de motifs qu'il crée alors qu'il croit les
découvrir. Shakespeare c'est la santé de son
esprit, c'est son génie même, c'est son amour
de la nature, sa sincérité, sa vision nette et passionnée, l'extraordinaire puissance de sympathie qui vivifiera sa peinture.

(1) Madrid, juin 1850.

Sa réserve un peu hautaine, un peu voulue d'abord, devint de plus en plus la pudeur d'une âme fière qui sait souffrir en silence et répugne aux promiscuités des confidences à tout venant. Ceux qui l'ont vraiment connu savent combien cette défense était nécessaire à un homme tout de sentiment et de passion comme lui. Ce silence énigmatique lui donnait la séduction des natures sauvages qui ne se livrent pas volontiers. Dans un portrait demi-ironique qu'il trace de lui-même, il constate ce charme et l'explique. « Je suis assez triste de ma nature, et quand je suis seul, je pose assez volontiers pour la lèvre autrichienne, en sorte que ceux qui viennent à moi sont tout étonnés et satisfaits à la fois (s'en attribuant le mérite) de voir s'ouvrir, s'épanouir cette sombre physionomie. C'est une petite flatterie, comme une autre, bien innocente, je t'assure, et due simplement à la force de vie, d'animation, au jeu de mes muscles et de mes nerfs, dont je ne suis pas maître (1). » Dehodencq n'est pas aussi machiavélique qu'il le croit. La vérité c'est qu'au fond, il est plein de tendresse, que la moindre bienveillance réellement l'épanouit. Sa défiance n'est qu'une arme défensive,

_____

(1) Lettre à sa mère. Madrid, juin 1850.

dès qu'il la sent inutile, il ne demande qu'à satisfaire son besoin de sympathie et qu'à donner de lui-même. Jusqu'au dernier jour il garda cette réserve et cette séduction. En 1877, un écrivain trace de lui ce portrait à la plume :

« A voir cette pâleur claire, chaude et délicate du visage, cette admirable et nerveuse tournure de la main, à entendre cette parole correcte, concentrée, pleine de sève et de mesure, on se sent en présence d'un artiste hors ligne... Le peintre de la vaillante et rutilante Espagne, de l'apathique et flamboyant Maroc, l'homme que Théophile Gautier trouvait un artiste passionnant et passionné a l'air calme, fin et posé d'un homme d'État anglais. S'il endossait le costume de Vélasquez on retrouverait peut-être, dans son allure nerveuse et fière, quelque chose de la furia et de l'abondante facilité de son pinceau. Mais sous l'habit moderne c'est un diplomate exquis.... Sa physionomie ouverte est sillonnée de temps à autre par des éclairs du regard comparables à des rayons de soleil, puis tout dans son attitude et dans son expression s'apaise sans s'éteindre et laisse un reflet charmant (1). »

(1) Ulrich de Viel-Castel, avril 1877.

Le 25 juillet 1849, Dehodencq quittait Paris. Ce départ pour un voyage qu'il rêvait depuis si longtemps le désespère. De Bordeaux, il écrit à sa mère une lettre pleine de larmes, avec ce je ne sais quoi d'emporté qui mêle à tous ses sentiments quelque chose de la colère et de l'indignation. Il est là tout entier. « Ma bonne mère, « j'ai donc pu te quitter, te laisser loin de moi « Déjà cent cinquante lieues nous séparent, et « rien ne m'avertira si tu es malade. A mesure « que j'avançais sombre, le cœur déchiré, en « proie aux plus sinistres pressentiments, je me « rappelais le passé, je cherchais ta chère « image, la caressant sans cesse. Je te vois en- « core si douce, si prévenante et empressée à « cet affreux moment du départ, et je me de- « mande comment j'ai pu partir, où j'ai pu « trouver la force de me séparer de tout ce que « j'aime, pour aller chercher quoi? l'indifférence « et à mon retour l'oubli, la mort peut-être, qui « sait? et je ne t'aurai pas revue. » Il s'agite, il s'indigne, cette lettre à la résonnance d'un cri douloureux, les mots lui manquent. « Non, je ne puis rendre ce que j'éprouve, c'est mon âme qui se fond dans la tienne, c'est une ardente envie de te tenir les deux mains dans les miennes et de te bien regarder une dernière

fois (1). » Près d'un mois après il écrit encore.
« Quand je pense à ce qui me reste encore de
jours, de mois à courir avant de vous voir, de
vous embrasser, de vous chérir, de vous dire
combien je vous aime, à quel point vous m'êtes
nécessaires, et quelle part vous avez dans tous
mes projets; quand je songe à cela, je retombe
dans l'abattement, ma tête se penche, mes yeux
regardent dans le vide, alors je vous aperçois,
je vous revois me tenant embrassé, les larmes
aux yeux, et je pense à ce que j'ai souffert et
souffre encore loin de vous. » Jamais cette
image du départ et des adieux ne sortira de son
esprit, il l'évoque après plusieurs années.

Heureusement mille images, qui l'enchantent
traversent sa mélancolie. « Poitiers m'a fait
rêver un instant l'Espagne. Ce mot-là a toujours,
comme par le passé, le privilège de m'animer,
de m'électriser ; je ne puis cependant lui par-
donner de m'éloigner de toi. » Devant les Pyrénées c'est de l'enthousiasme : « Je n'essaierai
pas de te peindre ce qui se passa en moi à l'aspect des Pyrénées; ce fut un rêve de quelques
heures, pendant lequel je dus paraître fou à
mes compagnons de voyage. Je parlais, je

(1) Bordeaux, 27 juillet 1849.

criais, je soufflais ; et à tout cela il se mêlait quelque chose de si vague et de si tendre, un souvenir de toi, ma bonne mère, et d'Armand qui ne m'avez pas quitté un seul instant depuis mon départ (1). » Cependant Barèges avec ses béquilles, ses chaises à porteur, ses douches et ses verres d'eau sulfureuse, l'impatiente. « J'ai quitté Barèges ; enfin! J'en ai donc fini avec les autorités départementales, préfet, sous-préfet, commissaire de police et percepteur, que le diable les emporte! Je ne suis plus un blessé de juin, mais un simple citoyen comme tous et un peintre comme pas un, je l'espère (2). » Il va visiter le château de Pau et au retour il conte d'une façon charmante les doléances du vieux gardien : « Cette aile inachevée, ces murs en ruines, qui les relèvera? Ah! monsieur, la duchesse de Nemours habitait là ; les princes ses fils couchaient dans ce lit ; leur linge était dans ce meuble; Mme la duchesse passait des heures dans le coin de ce balcon. » Il est difficile, en effet, d'imaginer un plus bel horizon que la vue de ces magnifiques montagnes d'un bleu tendre, de ces cimes neigeuses, de ces collines boisées, dont la pente est si douce, de ce gave apaisé qui

(1) 1er août 1549. Barèges.
(2) Pau, 22 août 1849.

coule doucement à vos pieds. Joins à cela un admirable ciel, une température délicieuse : les souvenirs, les regrets, les espérances, accourent en foule. »

A Biarritz, pour la première fois, il voit la mer. « Le temps était beau, la surface des eaux « calme, tranquille, en sorte que je fus d'abord « peu surpris. Je montai, je descendis, je sautai « sur les rochers, qui s'avancent assez loin en « mer et s'étendent au pied d'un fort joli vil- « lage en amphithéâtre, dont les maisons sont « toutes blanches avec des toits en tuiles, le tout « se détachant sur un ciel bleu foncé. L'établis- « sement de bains me déplut, je n'étais pas « seul. Je revins sur mes pas suivant la plage ; « fatigué je m'assis et me mis à penser à une « foule de choses ou plutôt à rien. A ma gauche, « entre les rochers, l'Espagne ; à droite, derrière « moi, la France, et devant, aussi loin que pou- « vait s'étendre ma vue, la mer ! Peu à peu « l'étendue, l'immensité, ce soleil, ce je ne sais « quoi de terrible, caché là-dessous, tout cela « me gagna, me berça et j'éprouvai là une sen- « sation indéfinissable. Toute la journée je me « promenai sur la plage, sur les rochers, jus- « qu'à l'heure de la marée, où la mer plus « forte, avançant, reculant, roulant de nouveau

« ses vagues, me forçait à me retirer à mesure
« qu'elle gagnait du terrain. Puis vinrent les
« baigneurs et je vis là de ravissantes choses ;
« toutes ces têtes, ces corps éclairés par un so-
« leil chaud, tous ces bras, ces jambes, ces
« hommes, ces femmes courant, fuyant, en se
« retournant, la vague menaçante, ou, plus
« hardis, plongeant, pour reparaître sur une
« suivante, plus forte, et qui toutes venaient
« s'étaler, se briser, mourir à mes pieds. Tout
« cela, et je ne sais quelle impression de force,
« d'ampleur, de majesté, m'avaient jeté dans
« une contemplation délicieuse. Je pensai à Gé-
« ricault. Quel peintre ! Et comme il a compris
« cela! Je la vis encore au soleil couché, calme,
« bleue, forte et se balançant toujours. Je ne la
« pouvais quitter, un attrait irrésistible m'en-
« chaînait. Mais, comme toute chose a sa fin en
« ce monde, je partis, craignant de fatiguer,
« d'user une impression que je tenais à conser-
« ver tout entière (1). »

(1) 26 août 1849.

III

Le 27 août, à neuf heures du matin, il partait
pour Madrid. Un fragment d'agenda, conservé
par hasard, et où il note d'un mot les événements
du jour, nous permet de le suivre dans ce
voyage. «27. Irun. Adieux à la France du milieu
du pont. La Bidassoa, l'île des Faisans; ennuis
de la douane, première visite. Embarras pour
me faire comprendre. Saint-Sébastien, magnifique la mer! Seul en route pour Madrid. Arrivé
à neuf heures du soir à Tolossa. Incantador (?),
fille d'auberge, yeux énormes, noirs, teint brun
vert, natte par derrière. Exécrable dîner. Je ne
mange pas, je suis malade. » Il conte lui-même
une de ces aventures désagréables, dont on rit
plus tard, dont les spectateurs, sur le moment,
rient bien plutôt que le héros. « Dans une petite

« ville ravissante, je ne me rappelle plus la-
« quelle, la voiture s'arrête, je descends. Vou-
« lant voir plus à mon aise et plus longtemps,
« je me mets à courir. Un homme m'interpelle,
« je ne comprends pas, je dis naturellement :
« Merci, non! et je passe. Mais lui court après
« moi. Non, non, non, lui dis-je impatienté. Il
« m'avait déjà pris le bras, et allait me saisir
« au collet, lorsqu'en me retournant j'aperçois
« mes cornichons d'Espagnols riant à gorge dé-
« ployée. Je comprends enfin ce dont il s'agit, je
« tire mon portefeuille et déroule aux regards
« courroucés du douanier mon passeport, bien
« en règle, heureusement pour moi. Car ici,
« comme en France, les autorités n'entendent
« pas la plaisanterie, et j'avais beau lui dire :
« *francese, francese, comprende pas*, montrant
« tour à tour mes deux oreilles, il s'en alla tout
« mécontent, grommelant : Carracho! carra-
« cho (1)! » — « 28. Déjeuner à Vittoria ; toujours malade. Visité l'Église. Femmes charmantes. Miranda. Route à travers les rochers.
Admirable soleil couchant. Arrivé à Madrid à
une heure du matin ; ennui terrible, isolement
complet. »

(1) Lettre du 1er septembre 1849. Madrid.

A son arrivée il éprouve cette nostalgie de la première heure, cette tristesse, ce sentiment de solitude presque effrayante, que connaissent bien tous ceux qui tout à coup se sont trouvés dépaysés, isolés des autres hommes par l'ignorance de la langue qu'ils parlent. Tout est difficile, les plus petits détails de la vie prennent de l'importance, préoccupent l'esprit; c'est un malaise, une perpétuelle angoisse. On retourne deux heures une phrase qui stupéfie l'interlocuteur. Ajoutez à cela toutes les habitudes suspendues, le désœuvrement forcé des premiers jours et ce qu'il y a de presque douloureux à être ridicule tout seul. « Je suis triste à en mourir. N'importe, j'irai jusqu'au bout. Personne ici ne m'entend. J'erre comme une âme en peine. J'ai des moments d'ennui terrible. J'ai l'imagination, j'ai le cœur affreusement malades. Je donnerais ma vie et toute mon éternité avec, pour me trouver auprès de vous ne fût-ce qu'un instant (1). » La nécessité de faire des visites, de présenter ses lettres d'introduction, d'en appeler à la bienveillance d'autrui, achevait de l'irriter. Sa fierté excessive, son orgueil byronien se révoltait. « Moi, si libre,

(1) Même lettre. Madrid.

me présenter en solliciteur ! » L'extrême sensibilité ne va pas sans une sorte de misanthropie, de réserve défiante, qu'expliquent les naïvetés et les désillusions premières. Partout il reçut un accueil charmant. Il en est surpris lui-même : « Je me suis fait des hommes une si mauvaise idée, et partout je reçois un si charmant accueil que je ne sais plus que penser. A chaque nouvelle visite, je m'arme de froideur, je me tiens sur la défensive, je me présente enfin tout bardé de préventions. Je trouve alors douceur, affaibilité, politesse ; mon armure tombe pièce à pièce, et je redeviens ce que je suis réellement, un pauvre être plein de tendresses infinies(1). » M. Madrazo, peintre de la reine et directeur des Musées de Madrid, le voulut pour hôte, lui offrit un de ses ateliers, et dès la première visite tint à lui faire l'honneur du musée.

Vélasquez le prend aussitôt : « Vous n'y « trouverez à quelques exceptions près, ni notre « Poussin, ni Lesueur, ni Rembrandt, ni même « le Murillo de Séville, mais Vélasquez! Quel « peintre, mon cher ami ! Rien n'en donne une « idée. C'est la nature prise sur le fait. L'ob- « servation la plus fine, les types les plus vrais,

(1) Octobre 1849.

« des harmonies de tons délicieuses, tout est
« là, jeté à profusion sur la toile. Sa manière
« vive et facile, sa façon de traiter le costume
« au point de vue de la tournure et du carac-
« tère, laissant de côté tous les détails, ces
« mains à peine indiquées quelquefois, témoi-
« gnent d'une préoccupation continuelle de
« l'ensemble, de l'effet général, et c'est réelle-
« ment ce qui vous empoigne et vous arrache
« de terre à la vue de ses œuvres. En un mot
« c'est plus vrai que Van Dyck, aussi fin, aussi
« distingué, si j'en excepte quelques gueux en
« guenilles, qu'on ne voit qu'ici, sur les places,
« au grand soleil... Et le *Christ aux Oliviers*
« de Van Dyck, un tableau hors ligne, aussi
« beau que les beaux Rubens. Prenez à ce
« Christ de Van Dyck ce sentiment de haute
« poésie, ce je ne sais quoi répandu dans l'air
« et qui vous enivre, c'est le mot, demandez à
« Vélasquez son secret pour être, comme lui,
« naïf à force de science, et vous arriverez à la
« réalisation d'une œuvre gigantesque (1). »

Cependant Dehodencq ne perd pas son temps.
Deux jours après son arrivée il assiste à un
combat de taureaux. En Espagne c'est plus

(1) Séville, 22 décembre 1850. Lettre à M. Dubois.

qu'un spectacle, c'est un trait de caractère, le premier tableau qui s'impose à qui prétend la peindre. Oui, mais rien n'est plus commun que les sujets de tableaux ; on en remplirait des volumes, sans que les peintres en fussent plus avancés. Ce qui est rare, ce n'est pas le sujet, c'est l'idée pittoresque, c'est le motif, c'est le tableau lui-même. On ne compose pas un tableau par calcul et par raisonnement, en cherchant de sang-froid les images qui peuvent traduire une idée. Certes la volonté intervient, elle fixe l'esprit, elle le tourmente, elle l'agite, mais c'est toujours une émotion soudaine qui, suscitant les images, tout à coup en compose la scène rêvée. Un tableau n'est conçu qu'au moment où il est vu. A l'état d'idée il n'est rien encore, il n'existe qu'au moment où il devient image. A Madrid, le cirque, l'arène, c'est ce que tout le monde imagine, ce que tout le monde attend. Et puis comment montrer le caractère d'un peuple dans une scène typique, si on lui enlève ce qui la fait expressive, si on rapetisse ce qui n'a de sens que par la grandeur, par le bruit, par la multitude, par les douze mille spectateurs frémissants ?

Dehodencq cherchait ; le hasard, ce dieu des vrais artistes, trouva pour lui. Le 4 septembre, au matin, il partait pour l'Escurial ; c'est la dernière journée que résume l'agenda : « 4. Parti à 5 heures du matin pour l'Escurial, arrivé à 10. Le monastère, la bibliothèque, manuscrits arabes. Course aux taureaux, moins grandiose, plus pittoresque qu'à Madrid. Dîner, promenade aux environs de l'Escurial ; passé la soirée à composer un tableau des courses. » Il n'a pas d'hésitation. Une arène, improvisée sur une place de village ; des barricades pour gradins, un combat de taureaux, familier, sans façon, voilà qui nous fait pénétrer dans l'intimité des mœurs espagnoles et qui en dit plus qu'un cirque mal coupé par la toile et rempli d'une foule qui n'est plus la foule.

« L'idée me vint tout de suite de faire un
« tableau du fameux, du poignant, du terrible
« combat de taureaux. Une chose m'embarras-
« sait. Comment éviter le côté répugnant de ce
« spectacle, sans lui rien enlever de son carac-
« tère ? Je trouvai ce que je cherchais dans une
« visite à l'Escurial. Là les courses n'ont pas la
« pompe de celles de Madrid, mais l'endroit où
« elles se donnent est plus pittoresque. C'est
« au milieu du village, sur une petite place,
« entourée de maisons aux toits de tuile, et de
« ruines dues au passage de l'armée française

« en 1808. Les abords des rues sont barrés de
« poutres, de charrettes, de pierres ; la foule se
« place sur ces gradins improvisés, sur les murs,
« aux fenêtres, tous gesticulant, vifs, animés.
« Point de victimes, point de chevaux éventrés,
« traînant leurs entrailles ; des hommes seuls
« combattant le taureau, ou plutôt se jouant de
« lui, faisant voltiger leurs manteaux, leurs
« capes, pour l'étourdir et le frapper plus
« sûrement. Cette scène presque antique avec
« des costumes modernes ; la montagne sombre
« et pelée dans le fond ; ce beau ciel, et sur
« tout cela les rayons d'un soleil doré com-
« posent un beau tableau (1). »

Poètes, peintres, sculpteurs, généraux, dé-
putés, la plus haute société madrilène se donnait
rendez-vous dans l'atelier de M. Madrazo, dont
Dehodencq était devenu l'hôte et l'ami. Son
intelligence élevée, son esprit prompt, ses
silences et ses saillies, sa tournure souple et
distinguée, sa fierté castillane, sa réserve, qui
faisait son amitié flatteuse, le mystère attirant
de sa nature complexe tournait vers lui tous les
regards. Le talent de ce jeune homme, enthou-
siaste et morose, froid aux compliments, d'un

(1) Lettre à M. Tourret, 15 mars 1850.

orgueil qui supprimait toute vanité, achevait l'œuvre de séduction. Les portraits de M. de Madrazo et de son fils étaient vivement admirés. Deux portraits, peints à la même époque (1), nous permettent de juger ce qu'était alors son talent. Jamais il n'a été plus élevé, la verve et la science s'équilibrent, se pondèrent. Le métier a la sûreté de l'instinct. On ne peint plus guère ainsi. C'est de la peinture qui semble s'être faite toute seule. Il n'y a pas trace d'artifice, de rouerie ni d'efforts. Il faut remonter jusqu'aux maîtres pour trouver cette facture libre et simple, ferme et précise, qui, comme les meilleures pages des meilleurs écrivains, donne l'illusion qu'on ne saurait faire autrement. Le bruit s'était répandu que le jeune peintre français, un audacieux, osait ce que n'osaient pas les peintres espagnols, peindre l'Espagne. Ceux qui avaient vu la *Course de novillos* (jeunes taureaux) parlaient avec enthousiasme du tableau commencé. Les curiosités étaient éveillées. Tout le monde sollicitait l'honneur d'être admis dans l'atelier de Dehodencq. J'y vois passer tour à tour M. Pidal, ministre des affaires étrangères, le ministre de la marine, le ministre

---

(1) Portraits de M. Debras, peintre, et du prince Piscicelli.

de la guerre, les membres les plus distingués de la colonie étrangère, l'ambassadeur du Danemarck, l'ambassadeur de France. Un Anglais voulait l'entraîner à Londres, lui promettant la fortune ; et il songeait un instant à s'en aller là-bas, comme Haendel, comme Mendelsshon ; mais les brouillards de la Tamise l'effrayaient. Un jeune prince napolitain, son ami, lui montrait la gloire et la fortune à Naples, où il y a du soleil comme en Espagne, à Naples « où le printemps s'arrête. »

Il était difficile de rêver un succès plus prompt. Mais on ne vit pas de fleurs, de compliments, de sourires de femmes. Il fallait vivre, on ne lui offrait que des occasions de dépenses. Tous les salons s'ouvraient devant lui. Plus d'un sans doute enviait cet homme jeune, que la gloire semblait prendre par la main. Qui soupçonnait sa détresse? Est-ce que le monde s'occupe de ces choses-là? Il vous prend la parure de votre jeunesse, de votre esprit, de votre talent; à vous de lui arracher ce qu'il ne donne point. Les moyens ne manquent pas pour le conquérir ; ses vices le livrent à qui sait les exploiter. Il y a un art d'intéresser la vanité des hommes, de profiter des rivalités mesquines, de faire sortir les commandes les

unes des autres; art difficile, qui veut la souplesse et la ruse du boutiquier, auquel on n'é-
chappe pas les mains vides. Dehodencq avait
contre lui sa roideur, sa flerté, son horreur du
marchandage, tout le luxe moral du riche, le
seul auquel il ne pût renoncer. Il écrit à sa
mère : « Je traite mon habit avec vénération. »
Il hésite plus à l'achat d'une redingote qu'à la
composition de la *Course de novillos*. Ah! l'angoisse de l'homme qui va au bal à pied avec
des précautions infinies; qui en sort avec l'inquiétude d'une pluie ruineuse; qui, comme ce
pauvre homme, qu'un caprice de sultan blasé
fait tout-puissant pour une nuit, chaque soir
traverse le rêve de la richesse pour rentrer
chaque soir dans la réalité, écrire ou dessiner
dans l'atelier froid, un brasero sous les pieds,
le bois étant un luxe défendu. A ces embarras
s'ajoutaient d'autres difficultés, qu'il n'avait
pas prévues, qu'il aurait pu prévoir. « J'ai à
combattre, écrit-il, l'indifférence, l'ignorance
d'un public peu fait pour les arts, l'esprit étroit
de nationalité, et les craintes, les appréhen-
sions d'artistes médiocres, à qui mes succès
enlèveront une partie des leurs. » Il ne faut pas
trop demander aux hommes. M. Madrazo l'avait
accueilli avec la plus grande bienveillance; il

lui avait offert un atelier ; il l'avait admis dans son intimité, qu'exiger de plus? Il avait fait son devoir de galant homme. Devait-il précipiter un succès qu'il trouvait peut-être bien rapide? Pouvait-il se défendre de quelque inquiétude, sacrifier ses intérêts? L'art n'est pas une table de famille où l'on s'écarte pour faire place aux nouveaux venus. Les peintres, tout comme les bourgeois, sont des hommes; le contraire serait surprenant.

Au milieu de ces embarras d'argent, dans l'anxiété d'une attente qui l'énerve, Dehodencq vit les yeux ouverts, en artiste qu'une image distrait. C'est d'abord le carnaval. « Nous « sommes en carnaval, je suis allé au bal, en « soirée. J'ai vu ces fêtes, si animées par l'ad- « mirable temps qu'il fait ici. Croirais-tu qu'il « n'a pas plu depuis deux mois, tous les jours « grand soleil. C'est, ma parole, à en devenir fou « parfois. Ce ciel si bleu, ces oranges (à quatre « pour un sou !), ce peuple entier. de flâneurs « par les rues, les promenades, le cirque. Tout « est plein partout, et de tous côtés des harmo- « nies, des couleurs, des arrangements de « capes, de manteaux, de mantilles, à en perdre « la tête; tout cela est riche, piquant et neuf. « Et ces adorables montagnes, que je ne vois

« jamais sans une émotion incroyable ! Tout ici
« est fait pour la peinture. Qu'est-ce grand
« Dieu ! que l'Andalousie et que deviendrai-je
« alors? un grand peintre peut-être et je ne
« l'aurai pas volé (1). » Puis c'est la semaine
sainte. « Je te quitte, chère mère, pour courir
« la ville des plus curieuses ces jours-ci. Nous
« allons visiter les églises, voir la procession,
« ces formes extérieures d'une religion morte
« ici, comme ailleurs, comme partout. En effet
« Christ est mort, il y a près de deux mille ans.
« Ce jour-là la terre trembla, le ciel se couvrit
« de ténèbres, la nature entière fut en deuil, et
« tu ne t'en douterais pas à l'air de fête qui
« règne ici de tous côtés. A ma prochaine lettre
« je te ferai part de mes impressions et te dirai
« s'il y a là le sujet d'un tableau ; car c'est sous
« ce point de vue que m'apparaissent à moi
« toutes les choses de ce monde (2). » La course
de taureaux et la procession, ces deux expressions d'un même besoin d'émotions violentes,
de grands spectacles, c'est l'Espagne même.
Dehodencq ne pouvait manquer de découvrir
quelque jour le tableau qu'il pressentait.

Les petites intrigues, qu'il devinait autour de

(1) 19 Février 1850.
(2) Vendredi-saint 1850.

lui; les hostilités sourdes que ne dissimulait plus toujours la politesse; l'ennui, l'attente, la difficulté de soutenir cette vie mondaine et ces succès stériles le décourageaient. Il songeait au retour. Quelle douleur de quitter sitôt ce pays aimé! de n'en emporter que des images superficielles et fugitives. C'est à ce moment qu'arrive à Madrid le duc de Montpensier (juillet 1850). Le jeune prince, homme de goût, amateur éclairé, a une galerie célèbre à Séville, dans le palais de San Telmo. Il est Français; en dépit de tout il ne l'a pas oublié. C'est le salut peut-être, la possibilité de prendre possession définitive de cette terre d'Espagne. La galerie de San Telmo est un musée royal, un salon de maîtres, c'est déjà un honneur que de n'y être pas dépaysé, et cela suffirait à tenter un peintre audacieux qui aime la bonne compagnie. Dehodencq avait une lettre du peintre Dauzats (1) pour M. de Latour, an-

(1) Adrien Dauzats, peintre distingué, est né à Bordeaux en 1804. Il a voyagé en Egypte, en Judée, en Syrie, en Palestine. En 1837 il partit pour l'Espagne avec le baron Taylor, que le roi avait chargé de la formation d'une galerie espagnole pour le Louvre. En 1839, il fut attaché comme artiste historiographe à la suite du duc d'Orléans, pendant l'expédition des Portes-de-Fer en Algérie. Ce fut l'occasion de rapports avec la famille d'Orléans, qui expliquent la lettre de recommandation de Dauzats à M. de Latour. J'emprunte ces détails à l'article de M. Ph. Burty sur Dauzats (*Maîtres et petits maîtres*, p. 161 sq.)

cien précepteur du duc de Montpensier, resté
attaché à sa personne, après la révolution de 48,
avec le titre de secrétaire des commande-
ments (1). M. de Latour l'accueille comme un
homme que sa réputation a précédé et l'engage
à solliciter une audience. C'était aller au-devant
des désirs du prince, dont la curiosité était
vivement excitée par tout ce qu'il entendait
dire du jeune artiste français. La vie de Dehodencq était comme suspendue à cette entrevue,
sa dernière espérance. Il nous la conte lui-
même avec cette aisance et cette correction, qui
révèlent dans les lettres familières qu'il écrit
à sa mère au jour le jour, toute la grâce, toute
la distinction de son esprit.

« Tout en attendant que mon tour arrivât, je
« me plaisais non à arranger des mots, à tour-

(1) M. de Latour, ancien élève de l'Ecole normale supé-
rieure, fut choisi par le roi Louis-Philippe comme précepteur du duc de Montpensier. Après la révolution de 1848 il
accompagna son ancien élève en Espagne et il vécut à Séville jusqu'au jour où une nouvelle révolution obligea le
prince à abandonner momentanément son beau palais de
San-Telmo. M. de Latour mit à profit son long séjour
en Espagne pour étudier l'aspect, les mœurs, les traditions
du pays. Il publia successivement: *Etudes sur l'Espagne* ;
Séville et l'Andalousie, 2 vol. — *La Baie de Cadix*, 1 vol. —
Espagne : Traditions, mœurs et littérature, 1 vol. — *Valence
et Valladolid*, 1 vol. M. de Latour est un littérateur délicat
qui voit ce qui est intéressant et qui ne sait pas assez le
faire voir aux autres : son style manque de mouvement et
d'éclat.

« ner des phrases, sachant que toujours il
« arrive en ce cas-là de débiter tout le con-
« traire de ce qu'on a préparé ; je cherchais
« seulement à me représenter l'appartement, la
« place qu'occuperait le prince à mon entrée.
« Je le voyais assis près de la fenêtre, se levant
« pour me recevoir, par pure politesse. Tu vas
« voir comme c'était encore à moi une bêtise
« de me figurer ce tableau à l'avance. Mon tour
« était venu, l'huissier m'introduit, la porte
« s'ouvre, et je me trouve nez à nez avec son
« Altesse. Tout en n'étant pas de ceux que les
« grandeurs bouleversent, et voyant un homme
« là où est un homme, je restai court... Le
« prince me dit alors qu'on lui a beaucoup
« parlé de moi, qu'à son regret le malheureux
« événement (1) qui venait d'avoir lieu l'avait
« empêché de recevoir, il me parle de moi, de
« la France, de la peinture, etc... Moi je n'y
« étais plus et le laissais dire, souhaitant qu'il
« allât comme cela le plus longtemps possible.
« Il s'arrêta malheureusement ; alors il se fit
« deux secondes de silence, qui me parurent
« trois siècles, près desquels l'enfer du bon

---

(1) Il s'agit de la mort d'un fils de la reine Isabelle, qui
ne vécut que quelques jours. Le duc de Montpensier avait
épousé la sœur de la reine Isabellle.

« Dieu n'est rien. Je pris le parti d'en rire et je
« fus sauvé. Votre Altesse m'excusera, lui dis-je,
« si je ne trouve pas un mot à lui répondre,
« mais... Il ne me laissa pas le temps d'ache-
« ver, en galant homme, il vint à mon secours
« et la conversation recommença, non, com-
« mença, et si belle et je pris si bien ma re-
« vanche, qu'à force de vouloir rattraper le
« temps perdu, ne sachant plus m'arrêter, je fus
« congédié, de la façon la plus charmante, il est
« vrai. Je ne m'en fus pas moins fort triste.
« J'allais répétant sans cesse: mauvaise entrée,
« mauvaise sortie, quelle pauvre idée tu as dû
« laisser de toi, mon pauvre ami, et j'en arri-
« vai à trouver le milieu assez bon par le
« besoin que j'éprouvais de me consoler et d'es-
« pérer. Après tout, dans ce milieu tu as été
« digne, tu as parlé en artiste, en ·homme...
« Deux heures après le prince entrait dans mon
« atelier accompagné du père et du fils Ma-
« drazo. Il regarda, examina tout longtemps et
« en détail, parut fort content, me fit les plus
« grands éloges, me louant surtout d'avoir osé
« aborder franchement le soleil d'Espagne,
« devant lequel, dit-il, avaient reculé jusqu'a-
« lors les peintres. Et je ne cherchai pas à le
« désabuser. Bref il me dit que ma peinture lui

« plaisait beaucoup et qu'il serait enchanté que
« je voulusse bien travailler pour lui. Je ne
« sais où j'avais la tête, mais je ne vis pas là
« une commande directe, je pensais à toi, je
« crois, et cela m'empêchait d'être tout entier à
« la question. L'idée lui vint sans doute que
« j'avais pu ne pas le comprendre, il eut la
« bonté de recommencer sa jolie petite phrase,
« appuyant sur ces mots : Si vous voulez faire
« vos esquisses et les apporter à Séville nous
« choisirons... En me quittant le prince fut
« visiter l'atelier de M. Madrazo. Au moment
« où, quittant ces messieurs qui l'entouraient,
« il allait monter en voiture, il m'aperçut et me
« jeta de loin : Au revoir, M. Dehodencq. »

Au moment où Dehodencq se préparait à
répondre à l'invitation du duc de Montpensier,
s'ouvrait l'exposition de Madrid. Son tableau :
Une course de novillos à l'Escurial eut un immense succès. Le combat de taureaux pour les
Espagnols est une passion nationale. Il y a
entre l'homme et la bête je ne sais quelle affi-
nité, comme une parenté mystérieuse. Le combat de taureaux, c'est le jeu favori des enfants,
ils en imitent toutes les péripéties, s'en distri-
buent tous les rôles, taureau, espada, picadores.
Le dimanche, et c'est le tableau même de Deho-

dencq, on barre les rues qui donnent sur la place du village ; les paysans mettent bas la veste, l'agitent devant le taureau harcelé, exaspéré, s'enivrent de la fuite, du frôlement des cornes, des cris d'angoisse, des applaudissements des spectateurs ; échappent par un détour brusque, par un élan soudain, par un bond prodigieux, où, serrés de trop près, s'aplatissent tout à coup contre terre et laissent se jeter dans le vide la bête furieuse et stupéfaite.

« Tous les journaux parlent de mon tableau. L'un d'eux, *la Patria*, ne s'est-il pas imaginé de dire que c'était une honte pour les Espagnols qu'un peintre étranger s'emparât de leurs sujets et les rendît comme pas un d'eux : Ce qui, entre nous, ne m'aveugle pas du tout... Le roi, la reine et la reine-mère ont, m'a-t-on dit, été enchantés de mon tableau. Je reçois chaque jour de nouvelles visites et de nouveaux compliments. Et je n'en suis pas plus fier. Tout cela glisse sur moi, intimement convaincu que je suis qu'il faut dans les arts se faire juge soi-même et juge sévère, rester indifférent aux éloges et aux blâmes, pesant les uns, tirant parti des autres, et, Jean comme devant, reprendre son œuvre de plus belle (1). »

(1) Madrid, septembre 1850.

Avant de quitter Madrid pour Séville, Deho-
deucq voulut faire une tournée dans la Manche,
la patrie de Don Quichotte. « J'ai fatigué énor-
« mément à cause du mauvais état des routes,
« de la chaleur, et de onze lieues qu'il a fallu
« faire dans une maudite galère. Un jour et une
« nuit pour faire onze lieues, que dis-tu de cela ?
« Sans compter le jour et la nuit d'avant passés
« entiers en diligence, où je ne puis dormir et
« suis le plus malheureux des hommes. Mais
« en revanche, si je fatigue plus qu'un autre,
« je vois aussi pour deux. Sitôt arrivé à Valda-
« pênas, lorsqu'il nous fallut faire cette route
« à travers champs, je pris de suite mon parti
« de la faire à pied, sûr de toujours rattraper
« cette charrette qui n'allait qu'au pas. J'ai tué
« sous moi une paire de souliers, me suis écor-
« ché les pieds, rôti la figure, mais j'ai vu,
« étudié à loisir un admirable pays. En plein
« soleil ; dans ce pays il n'y a pas d'ombre, pas
« d'arbres ; quelques maigres oliviers, des
« bruyères, c'est tout. Je me suis assis, et j'ai
« pensé à toi, car je pense à toi partout, et je
« me suis attendri, et cela fort heureusement,
« je mourais de soif et pus boire mes larmes.
« Tu me parlais de voleurs dernièrement ; je
« n'eus jamais plus de chance d'en rencontrer.

« Je te dirai même entre nous qu'à un certain
« moment cela nous préoccupa assez vivement.
« Mon compagnon de voyage M. B*** chargé par
« l'ambassadeur de porter à Narvaëz un *sabre*
« ayant appartenu à Napoléon et offert au ma-
« réchal par le *neveu;* mon compagnon, dis-je,
« était assez inquiet à l'idée qu'on pût lui arra-
« cher ce sabre, qu'en sa qualité d'homme
« d'honneur il ne pouvait rendre. Et moi, en
« ma qualité d'ami, j'étais bêtement résolu à
« me faire tuer aussi plutôt que de le lâcher, tu
« conçois cela (1). »

Au retour, encore sous l'émotion du voyage,
il évoque dans des dessins pleins de verve et
d'esprit l'Espagne de Cervantès, Don Quichotte
et Sancho Pansa. Il achève cinq esquisses
peintes : — trois scènes de Gil Blas, le Naufrage de don Juan ; un épisode de l'histoire
d'Espagne, emprunté à la vie du cardinal
Ximénés, — qu'il doit présenter au choix du
prince, et il songe au départ. Restait à se procurer de l'argent. Mais son succès rendait la
chose facile. Il met en loterie une esquisse de
son tableau des courses et un brigand espagnol.
Un brigand ! c'était là encore un sujet bien

(1) Madrid, septembre 1850.

espagnol et dont il enlevait la gloire aux peintres indigènes. En dépit de petites intrigues, près de quatre cents billets à cinq francs furent enlevés en trois jours par tout ce qu'il y avait de distingué dans la société de Madrid. Enfin, tous ces préparatifs terminés, il part en novembre pour Séville. C'était le moment de rester peut-être. Mais il était dans la destinée de Dehodencq de partir quand il fallait rester, de s'attarder quand il fallait partir, de semer partout, de ne recueillir nulle part.

Son tableau quittait Madrid en même temps que lui, mais pour la France. L'exposition ouvrait cette année là à Paris (1850) en octobre ou novembre. On pouvait se demander si cette scène transplantée de son milieu naturel, n'ayant plus pour elle la passion de tous, ne passerait point inaperçue. Il n'y avait là aucun de ces mensonges brillants, aucunde ces tours de force grossiers, auxquels trop souvent les jeunes gens se laissent aller et toujours le public se laisse prendre. C'était l'art même, la nature ayant traversé un cerveau d'artiste, récréée, vivifiée par une émotion pénétrante et personnelle. On ne s'y trompa pas. Le succès fut éclatant, Théophile Gautier goûtait « cette intime saveur espagnole. » Les artistes étaient

surpris, sentaient là quelque chose de nouveau.
« J'aurais donc réussi, s'écrie Dehodencq, à la
nouvelle du succès, à faire voir un peu de ce
que j'ai là, si j'en crois M. Robert-Fleury.
Diable ! de la peinture d'artiste ! ce cachet de
vérité, cette force, cette couleur digne des plus
grands éloges, voilà quelque chose d'assez
agréable à s'entendre dire ! »

Les jeunes surtout, ceux qui regardent vers
l'avenir, sentent le besoin de ne pas recommencer leurs aînés, admiraient cette œuvre
inattendue. Qu'avaient-ils sous les yeux ? Les
conteurs d'anecdotes de l'École Delaroche, des
littérateurs égarés ; les universitaires de la
peinture, qui ne sont pas nécessairement sans
talent, mais qui ont le tort de dégoûter des
maîtres et de prendre l'art pour un commentaire ; les romantiques, qui inventaient le
moyen-âge et les pays exotiques sans quitter
l'atelier, peignaient des Orientales de Victor
Hugo ; un homme de génie à leur tête, Eugène
Delacroix, le grand lyrique, qui ne demande à
la réalité que l'occasion de dire son rêve, Delacroix, dont la couleur émue est suggestive
comme la musique. La toile de Dehodencq ce
n'était ni l'art d'école, ni le romantisme, ce
n'était rien de plus que l'émotion sincère d'un

artiste personnel en face de la nature ; le mot réalisme étant faussé, déconsidéré, disons : c'était la vérité et la vie. Dehodencq avait retrouvé une toute petite chose, sans se creuser beaucoup l'esprit, par cela seul qu'il était vraiment artiste ; mais cette petite chose était tout ce qu'il y a de bon dans notre école actuelle, ce qui la sauvera peut-être, l'amour de la nature. Il y avait alors un groupe de jeunes gens, rapprochés par leurs sympathies communes, et qui tous se sont fait un nom : Fantin-Latour, que je salue au passage, Carolus Duran, Legros, Valery-Vernier, Zacharie Astruc, le vaillant artiste, poète, peintre et sculpteur ! Le dimanche ils allaient au Louvre, au Luxembourg en bande. Ils s'arrêtaient longtemps devant la course de Novillos et ils se livraient à ces chaudes, à ces fécondes admirations de jeunesse, dans lesquelles vibre le talent personnel et déjà s'agitent les œuvres de l'avenir. « Quelle puissance ? rien d'artificiel ! pas d'idéal de convention, un dessin prompt comme le mouvement, une couleur ardente ; un homme là dedans et la nature ; le réalisme d'un amoureux qui contemple ce qu'il aime ; un tempérament, quelqu'un dans ce quelque chose... Voilà ce qu'il faudrait faire. » Et l'on se demandait ce qu'était devenu le peintre des Taureaux et des Bohémiens. Un jour un camarade, mieux informé, répondit à la question : « Il paraît qu'il est mort ; il était encore tout jeune. Dommage !. c'était un fier artiste ! » (1).

(1) Je dois ces détails à M. Zacharie Astruc ; il me les contait avec sa verve ardente, il les retrouvera ici bien refroidis.

IV

Dehodencq arriva à Séville dans les premiers jours de novembre 1850. Il apportait au prince les esquisses qu'il avait achevées à Madrid; en attendant l'audience il cause avec sa mère. Il est dans l'enchantement. « Me voici arrivé à « Séville depuis quelques jours, fort heureuse- « ment de toutes manières, en bonne santé et « mon bagage entier. Il était écrit que je ne « serais pas encore volé cette fois. Nous l'avons « cependant échappé belle, la diligence ayant « été arrêtée l'avant-veille de mon départ de « Madrid et le lendemain de mon arrivée à « Séville. Ces pauvres voyageurs ont été entiè- « rement dépouillés, et l'on pourrait ajouter « sont entrés presque nus ici. Je ne parle pas « des coups de baton, qu'on a bien soin de

« garder pour soi. J'avais pour compagnon de
« voyage le comte de B*** ; c'est un assez char-
« mant garçon, très aristocrate au fond, artiste
« cependant et bon musicien. Nous finissions
« par nous entendre assez bien, sauf quelques
« boutades de ma part, provenant d'une suscep-
« tibilité que tu connais et qui chez moi est
« toujours sur le qui vive... Je suis à l'hôtel de
« l'Europe, comme je te l'ai marqué dans ma
« dernière lettre, et j'y occupe une assez pauvre
« chambre, comme à peu près toutes les cham-
« bres en Espagne, où le confortable est
« inconnu. Cette misérable pièce, sans cheminée
« (il n'en est pas besoin, dit-on), aux murs
« peints en blancs, au lit recouvert d'une gaze,
« sous laquelle je dors plus ou moins tran-
« quille, à l'abri des moustiques, donne sur une
« galerie à jour, au balcon de laquelle je vais
« m'accouder ; et de là plongeant sur une cour
« intérieure (en espagnol *patio*) j'écoute le
« bruissement de l'eau, retombant en gerbes
« au milieu d'immenses orangers, chargés de
« leurs fruits d'or. Au-dessus de moi, ce ciel si
« bleu, si pur de l'Andalousie, — car enfin nous
« y sommes et ce n'est pas un rêve, — et dans
« le fond quelques débris de cette adorable
« architecture, qui fait rêver des mille et une

« nuits. Des chambres donnent tout à l'entour
« de cette galerie ; dans l'une d'elles s'abritent
« deux petits êtres ravissants, deux jeunes
« mariés de Cadix, faisant leur tournée de lune
« de miel. La petite femme a quinze ans et le
« mari dix-huit. Rien de plus gracieux. Le mot
« folâtre a été fait exprès pour eux. Si tu les
« voyais courir, se chercher, s'embrasser à toute
« heure du jour, parfaitement insouciants des
« longues années qu'ils ont à courir ensemble
« ou chacun de leur côté peut-être... La grande
« affaire ici, la seule préoccupation me paraît
« être le plaisir : promenades, danses, sérénades,
« processions, voilà de quoi passer la vie assez
« agréablement... L'été les cours intérieures,
« dont je te parlais et que chaque maison pos-
« sède, se remplissent de monde, et là, la brise
« parfumée, l'eau retombant en gerbes et les
« guitares doivent produire un bien joli effet.
« Et puis toute cette ville est si blanche, si
« propre, ses petites rues étroites, dont le soleil
« caresse à peine le haut des maisons, sont
« dans un si charmant demi-jour, qu'on com-
« prend tout de suite qu'il n'y ait qu'un état
« possible ici, celui de flâneur, pour ceux qui
« savent flâner, et je t'assure qu'il y a de quoi,
« la vue se reposant délicieusement de tous

4

« côtés et l'air si doux qu'à peine on se sent
« vivre.

« Ce matin, j'ai fait une promenade dans le
« faubourg de Triana, habité par les Bohémiens,
« et j'ai vu là, à chaque pas, des choses à rendre
« fou un coloriste, si ce n'était déjà fait depuis
« longtemps. Je ne te parlerai pas des monu-
« ments, de la cathédrale si connue, si vantée,
« et à juste titre ; ni de la Giralda, cette vieille
« tour mauresque, si finement brodée et d'un
« ton si harmonieux ; je ne te dirai rien non
« plus de l'Alcazar, et cependant, quel rêve à
« jamais approché de cela. Je me tais, parce
« que ce qui viendrait sous ma plume serait
« certainement une banalité ; et c'est désolant
« de parler sottement d'une chose qui vous a
« ému, transporté. Quel ciel ! Tiens, en ce
« moment j'ai devant les yeux des milliers d'o-
« ranges, des milliers de nègres, des colonnettes
« mauresques à perte de vue, l'eau ruisselle
« sur les dalles. Quel parfum ! quelle senteur
« d'Orient ! et il va falloir lutter avec tout cela,
« débrouiller ce chaos ; de cette foule d'idées,
« de ce pêle-mêle d'images faire sortir quelque
« chose qui soit le rêve et qui cependant ait
« puissance de vie. Je m'arrête, il faut partir.
« A deux heures je dois être au palais. Quels

« tableaux va-t-il me commander ? Mes
« esquisses m'ennuient maintenant, c'est trop
« vieux. Et puis remonter si loin, vivre dans le
« passé ; habiller, charger des bonshommes,
« dont on n'a pu se faire une idée que dans les
« tableaux des autres. C'est dormir quand il
« faut veiller, fermer les yeux alors qu'il serait
« bon de les écarquiller pour mieux voir (1). »
Quelle verve ! quel style ! « Quelque chose qui
soit le rêve et qui cependant ait puissance de
vie, » voilà une belle définition de l'art et à
garder. L'amour de la nature, mais sans la ser-
vitude, sans le renoncement à soi-même, pour
en recueillir des images toutes vives et des
émotions sincères. Et comme l'écrivain se
garde d'empiéter sur le peintre ; pas de descrip-
tions, pas de bariolages d'épithètes, à quoi bon
décrire quand on peut montrer ? Je remarque
cette sobriété de Dehodencq, la plume à la
main ; c'est surtout par les impressions et par
les sentiments qu'il évoque les images des
choses.

Le duc de Montpensier, homme d'esprit et
vraiment artiste, va au devant des désirs du
peintre. Il regarde les esquisses, il les admire,

_____

(1) Séville, novembre 1850.

il ne choisit pas ; la conversation les ramène toujours à Séville, aux charmants tableaux qu'elle offre à chaque pas. Dehodencq, sûr d'être compris, propose au prince « deux tableaux d'assez grande dimension, dont l'un retracerait le côté religieux et l'autre le côté voluptueux de l'Espagne. » Au retour il reprend sa lettre et rend compte à sa mère des résultats de son audience :

« J'étais heureusement tombé, c'est ce qu'il
« voulait. Je lui parlai de ma visite à l'Alcazar,
« d'un petit pavillon, dit de Charles-Quint, près
« duquel une danse bohémienne serait de l'effet
« le plus pittoresque. A son tour il me dit y
« avoir fait un délicieux déjeuner avec son frère
« de Joinville, repas assaisonné de guitares,
« castagnettes et danses de toutes sortes ; bref
« il me commanda le tableau. Il doit m'envoyer
« une entrée libre à l'Alcazar, où je pourrai
« peindre et rêver tout à mon aise, et a chargé
« son majordome de prévenir deux Bohé-
« miennes, qui souvent ont dansé devant lui,
« de se présenter chez moi, d'y exécuter les
« danses que je leur demanderai, Son Altesse
« désirant avoir leur portrait dans un tableau ;
« ce qui lève une assez grande difficulté : ces
« bohémiennes ne dansant pas pour tout le

« monde, il m'eût été impossible autrement de
« les étudier de cette façon. Comme pendant, le
« duc m'a demandé : *Une Procession* sortant
« d'une des portes de la cathédrale, touchant
« à la Giralda, ce qui est encore une admirable
« chose à faire (1). »

La fortune semblait sourire à Dehodencq. Il
avait pour rêver et pour peindre les délicieux
jardins de l'Alcazar, aux fontaines jaillissantes,
aux orangers chargés tout ensemble de fleurs
et de fruits, avec leurs citronniers, leurs pal-
miers, leur éclat parfumé, qu'apaise la note
sombre des cyprès mélancoliques. Son Espagne
aimée posait devant lui. Les commandes ne
pouvaient manquer au peintre de son Altesse
royale. Hélas ! il y a bien des années que les
galions chargés de l'or de l'Amérique n'abor-
dent plus au port de Cadix. Il allait retrouver
à Séville les compliments, les bonnes paroles,
les soirées, les amabilités ruineuses. Il s'en
aperçoit vite « Ma position ici, je le vois, sera
« la même qu'à Madrid, à cela près des com-
« mandes du prince, qui vont me mettre à
« même de faire des études sérieuses sur une
« nature que j'aime et une foule de choses que

(1) Séville, novembre 1850.

4.

« j'ai longtemps caressées. Je travaille tout le
« jour et une partie de la nuit. Le soir je vais
« au Casino et souvent à l'Opéra. Là, je m'en-
« sevelis dans ma stalle et la plupart du temps
« je pense à toi. Pendant les entr'actes je fais
« quelques visites dans les loges. Bien que sim-
« ple toujours, j'ai plutôt l'air d'avoir une foule
« de mille livres de rentes que d'être, comme
« je le suis, on ne peut plus gêné ! Plus que
« jamais je m'en tiens à ceci : vivre en soi, pour
« soi, et n'en avoir pas trop l'air ; faire de tout
« une étude, de l'art le but, et de tout le reste
« un accessoire. Les souvenirs, les regrets, je
« n'en parle pas, c'est ma vie (1). »

Il était simple mais d'une simplicité de
gentilhomme ; il avait la sobriété des Orientaux,
mais il donnait cinq francs à un pauvre ; sa vie
matérielle était des plus modestes, mais il était
tenté de confondre toujours le superflu avec le
nécessaire. L'or n'était pas pour lui le Pactole,
un tout petit ruisseau, trop souvent tari, qui
coulait entre ses doigts.

Ce qui caractérise le talent de Dehodencq, à
cette heure décisive, c'est, comme l'a si bien
dit Théophile Gautier, « une étonnante aptitude

(1) Décembre 1850.

ethnographique ; un sentiment profond des races. » Il dit avec précision ce qu'il y a de caractéristique dans un corps ; il y fait comme pressentir le climat, l'hérédité, les habitudes, toute la longue histoire qui est résumée dans sa forme, dans sa couleur, dans ses mouvements et ses attitudes. Mais avec l'œil, il a l'imagination de l'artiste. Comme il dégage le type de la foule, qu'il coudoie sur les places, par les rues ! Dans les scènes multiples qui sollicitent sa curiosité, il va droit aux scènes qui révèlent l'âme du peuple, sa manière originale de vivre et de sentir. Il ne substitue pas à la poésie des choses une fantaisie décorative, un lyrisme tout personnel. Je sais bien qu'il n'y a dans les choses de poésie que celle qu'y met l'âme humaine. Mais bien des artistes ne demandent à la réalité que des prétextes, des occasions ou des éléments. Dehodencq voit ce qui est pittoresque et s'éprend de ce qu'il voit ; une émotion involontaire le mêle aux choses, les fait vivre en lui, et c'est le besoin de les dire, et de s'en délivrer qui lui suggère les compositions expressives. Le combat de Taureaux c'est le jeu national, une passion vivace, expressive comme une vieille épopée, qui avec les instincts primitifs révèle les qualités physiques de la race, l'agilité et la souplesse des corps.

Mais la catholique Espagne est la terre clas-
sique de la Sainte Inquisition, des bûchers, du
fanatisme ardent, du mysticisme extatique, là
patrie de Sainte Thérèse. C'était un beau spectacle que les auto-da-fé sur la Plaça San Fran-
cisco à Séville : un drame réel et poignant dans
un décor qui en exaltait l'émotion ; les longues
files de moines, la foule et les soldats ; les pénitents dans leurs voiles noirs ; le scintillement
pâle des cierges allumés ; dans le bourdon lent
des cloches, le *miserere ;* et tout à coup la flamme
du bûcher, et mêlés à la fumée les cris des hérétiques montant vers le ciel en fête. Que reste-
t-il de tout cela ? Qu'en ont laissé les révolutions
successives ? Dehodencq ne pouvait manquer
de nous le dire. La procession de la semaine
sainte à Séville est célèbre dans toute l'Espagne,
où les processions sont de véritables spectacles,
dont nos maigres pompes ne donnent aucune
idée. On y représente la passion ; on y voit des
enfants habillés en cardinaux, en papes ; d'autres sont des martyrs, d'autres les anges et les
saints du Paradis. Parfois la marche s'arrête,
et, au son de la musique, une danse interrompt
la monotonie du défilé. Des confréries rivales
se disputent le pas et la gloire de frapper les
imaginations : chacune a ses costumes tradi-

tionnels, ses *pasos*, sortes de groupes en bois sculpté, en plâtre peint, habillés d'oripeaux plus ou moins authentiques, parfois même tableaux vivants, qui représentent les pieuses scènes de l'Évangile ou de la vie des saints.

C'est un épisode des processions du Vendredi Saint qu'a choisi Dehodencq (1). La plus célèbre des confréries de Séville, *les Nazaréens*, débouche par la rue de Gênes sur la petite place, où elle tourne court pour se perdre sous le porche d'une Église, qu'on aperçoit à gauche, surmonté d'un grand Christ en croix. Déjà les premiers rangs du cortège y disparaissent. A droite et à gauche, à tous les balcons, dans la rue, la foule ; sur la petite place des femmes assises, derrière elles des femmes, des hommes, quelques uns accrochés aux saillies des murs, tous se penchant, se pressant. Les Nazaréens s'avancent sur deux files parallèles ; ils sont revêtus de longues robes noires, que prolonge un immense bonnet en forme d'éteignoir, qui double la hauteur de l'homme et lui donne l'aspect d'un grand fantôme. Une large ceinture de cuir serre le vêtement à la taille ; le bonnet se continue

---

(1) Le tableau (*Une Confrérie passant en procession dans la rue de Gênes à Séville*) est au palais de San Telmo. Je le décris d'après une esquisse ou une répétition du tableau original, La maison Laurent en a édité une photographie.

en un masque de soie, qu'il, de deux trous pour
les yeux et d'une fente pour la bouche fait d'é-
tranges visages. Chaque pénitent porte un long
cierge de cire jaune qu'il croise avec celui du
compagnon qui marche à ses côtés. Entre les
deux rangs, sous un dais, qu'étoilent les flam-
beaux allumés, on aperçoit au loin le paso,
quelque vierge de Martinez Montânez, parée
comme une idole, quelqu'une de ces statues
touchantes, douloureuses, faites par un homme
de foi pour des croyants. La foule est en habits
de deuil, les robes les plus claires sont d'un
gris froid. Du noir extrême des grands pénitents
sans visage jusqu'au gris fer des robes les plus
gaies, par les habits des hommes, par les étoffes
de laine ou de soie, par les mantilles de den-
telle, les mille nuances du même ton, rompues
çà et là par le clair des visages et du linge,
composent une harmonie de vendredi saint
d'une surprenante richesse, une suite et un
accord de noirs, qui font un chant d'une gravité
douce. Le soir tombe, le ciel a des transparences
apaisées. La lumière, étouffée par tous ces noirs,
qui l'arrêtent, partout où elle peut se réfléchir,
rayonne. La scène, volontairement assombrie,
s'enlève avec intensité sur le fond lumineux qui
l'encadre. La nuit les fantômes sont des formes

blanches qui se détachent de l'obscurité des choses ; par un effet renversé, cette foule sombre sortant de cette clarté prend un aspect fantastique.

Mais ce spectacle pittoresque est-il autre chose qu'un amusement pour les yeux ? L'illusion ne s'est-elle pas évanouie, qui était l'âme de ces fêtes, leur donnait une beauté tragique ? La vieille foi espagnole, on peut la chercher encore, la trouver peut-être dans l'attitude de cet homme du peuple qui, au milieu de la foule, les bras croisés, regarde d'un regard perdu ; dans quelques femmes, dont les grands yeux et la bouche s'ouvrent par une curiosité d'une ardeur mystique. Mais à quoi pense cette délicieuse andalouse, dont les yeux noirs, fendus jusqu'aux tempes, se tournent vers nous, dont la bouche va sourire, dont l'éventail ouvert frémit et va parler ? Et tant d'autres ! Tous les hommes sont découverts, mais les uns causent, les autres se détournent, ou regardent avec indifférence cette mascarade, où la décence est de rigueur. Les plus animés, les plus présents sont peut-être les curieux, les badauds qui tout simplement s'amusent. Chacun est là pour soi, avec son caractère, son esprit ; où est la religion ? cette sympathie d'un sentiment conta-

gieux qui parcourt toutes les âmes, n'y laissant
que le divin, les embrasse dans l'unité d'une
émotion fraternelle et les confond en Dieu?

Dehodencq continue de noter au passage les
épisodes de la vie espagnole, les types qui
l'égaient et que mettent en scène les roman-
ceros populaires. C'est l'*aguador*(vendeur d'eau),
le *naranjero* (marchand d'oranges), la célèbre
feria (foire) de Séville ; la *Malaguéna*, la danse
nationale andalouse ; le muletier conteur, rival
de Figaro, qui par les routes bordées de cactus
s'en va sur sa bête en sifflant, les deux jambes
traînant presque dans la poussière du chemin.
M. Dauzats écrit à un ami (10 mars 1852) :
« Mon cher Jal (1) — M. de Latour m'a donné
hier de bonnes nouvelles de M. Dehodencq : il
travaille beaucoup et se fait aimer de tous ceux
qui le connaissent. Il vient, à ce qu'il paraît,
de terminer un tableau représentant un *Can-*
tonnier espagnol endormi sur le chemin (manière de travailler des Andaloux) qui est un
véritable chef-d'œuvre. Dites tout cela à qui de
droit. » M. de Latour est un esprit fin, un
lettré délicat, d'un goût un peu timide, qui a
écrit sur l'Espagne quelques volumes agréables

---

(1) M. Jal est un historiographe et un critique distingué.

d'une couleur effacée. Son jugement a d'autant plus de valeur en ce cas que, s'il pouvait admirer les qualités de Dehodencq, le coup d'œil, la verve, l'audace et l'éclat, il devait, par sa nature même, répugner vivement aux défauts qui sont comme le revers de ses qualités.

V

L'Espagne c'est déjà l'Orient. Elle a la gaieté
des chauds soleils, qui mettent une flamme
dans les regards ; elle a la parure de la lumière
dorée qui jette un air de fête sur les rues tor-
tueuses, les masures et les haillons. Mais ce
qui, plus que tout le reste, peut être séduit
Dehodencq, ce qui surtout lui donne le sentiment de la nature qu'il rêve, et répond aux
curiosités, qui, dès l'enfance. le tourmentaient,
le poussaient vers l'inconnu, ce sont les *gitanos*.
De quels soleils d'autrefois tombaient les rayons
d'or en fusion qui circulent dans leur sang,
le brûlent encore et bronzent leurs visages ?
D'où viennent-ils ? on l'ignore. Ils parlent de
temps oubliés par l'histoire, dont ils sont les
témoins vivants ; ils ont la poésie des vieux
âges et des pays lointains. Horribles parfois,

ils ne sont jamais vulgaires. Dans leurs noires
chevelures s'encadre une face cuivrée, bistrée,
dont jaillit l'éclat d'un regard de fauve. Leurs
grands yeux d'orientaux, obliques, bien fendus,
une flamme sombre dans une blancheur nacrée,
sont ombragés de cils épais et longs ; le front
est petit, l'ovale du visage ramassé, le nez
busqué, les dents très blanches. Le visage
exprime, à la fois, la ruse et l'audace. Ils ont
la démarche hardie, l'allure franche de l'animal en liberté. Les femmes, la taille cambrée,
bien assises sur les hanches, ont la grâce « des
corps assouplis par la marche et la danse. »
avec une coquetterie de sauvages qui se prend aux
couleurs vives, rouge, orangé, jaune, bleu, aux
oripeaux, aux volants et aux falbalas. Ils exer-
cent les métiers bizarres qui vont à leurs goûts
de nomades. Les femmes vendent des remèdes
secrets, des philtres d'amour ; elles disent la
bonne aventure ou dansent au son de la *guzla*,
en faisant vibrer du pouce la peau du *pandero*.
Les hommes sont chaudronniers, tondeurs de
mules, montreurs d'ours, maquignons « à faire
ressusciter les ânes morts et galoper les cada-
vres des mules ; » tous pillards, contrebandiers
et voleurs. Même dans la société, ils restent les
« *viandantes* », les chemineurs, les nomades,

les errants ; ils la traversent, ils l'exploitent, ils ne s'y insèrent pas. Au milieu de la civilisation, ils en sont absents. Ils vivent dans un rêve d'existence libre et sauvage. Ils sont dans les villes, comme la bête est dans les bois. La terre est à eux, mais ils n'en ont gardé que ce qui est encore à tous, les routes, les grands chemins, les carrefours. Dans leurs grands yeux étranges semblent flotter les vagues images des patries absentes, et, dans l'indéfini du regard, se réfléchir l'immensité des horizons contemplés. Ils ont l'insouciance innocente de la bête rusée, qui s'ignore, et le crime. Toute la nature entre dans l'âme des bêtes, s'y résume en un bruit sourd, en un murmure confus qui s'entend lui-même ; c'est déjà la pensée, ce n'est pas encore la conscience étroite et limitée ; c'est l'instinct, le grand mouvement des choses qui se continue : des apaisements et des orages, des tendresses et des cruautés, la lumière et l'ombre, le sourire du printemps et la fureur des soleils d'été, la mer qui dort et le soudain tumulte des tempêtes. Du premier coup, dès qu'il les a découverts dans le faubourg de Triana, Dehodencq les aime. Quand il est las, découragé, « il va faire une promenade dans les rues, sur les places, pour y étudier ses chers Bohémiens, » comme

on va demander à la nature, dans les grands
bois, un peu de son indifférence et de sa sérénité, à l'enfant un peu de son ignorance et de
sa joie.

*Une danse de Bohémiens devant le pavillon de
Charles Quint à l'Alcazar* est le premier tableau
dans lequel il représente les gitanos. Nous n'a-
vons retrouvé de ce tableau ni répétition, ni
esquisse peinte, rien qu'un dessin magistral.
Mais nous avons ici encore une lettre précieuse
de M. de Latour à M. Dauzats. « Que je vous
parle donc de votre jeune recommandé, M. Dehodencq. Savez-vous qu'il a bien du talent ?
Vous avez dû être content de ce qu'il a envoyé
à Paris (*Course de Novillos*). Il est ici en ce moment occupé à achever, pour son Altesse Royale,
deux tableaux dont le premier est véritablement
remarquable. C'est une réunion vraie de gitanos, non pas ces vives et vagues féeries de Diaz,
mais, devant le pavillon de Charles Quint, une
danse brutale et énergique de vrais bohémiens.
M. Dehodencq est d'ailleurs un jeune homme
sérieux et de bonnes manières, dont tout le
monde, à Séville, apprécie la tenue comme le
talent; j'aime à lui rendre près de vous ce bon
témoignage. » Ce qui frappe M. de Latour dans
la peinture c'est l'énergie et la vérité. Ce qui

me frappe dans le dessin, d'une couleur étonnante dans sa simplicité magistrale, c'est, outre l'expression typique de cette vieille, de ces musiciens, l'élégance et la fermeté. Dans une pose d'une plastique hardie, la gitana tord ses reins en faisant claquer ses doigts. La jambe droite en avant, le corps jeté en arrière, la tête à demi renversée et regardant par-dessus l'épaule, le bras droit suivant le mouvement de la taille qui se tord et se cambre, le bras gauche levé et arrondi, par une attitude pleine de grâce et d'audace, elle multiplie les serpentements de son corps onduleux.

C'est encore aux Bohémiens qu'il emprunte le sujet du tableau, que lui avait commandé le ministère, après le succès du combat do taureaux. « Tu me demandais dernièrement le sujet que j'avais pris pour cette commande du ministère, le voici : *des Bohémiens et des Bohémiennes au retour d'une fête en Andalousie* (1). » Mais l'argent du prince épuisé, recommençaient les temps durs. Comme à Madrid, il trouvait à Séville une bienveillance stérile. Il connut de nouveau l'inquiétude de l'avenir, l'angoisse irritante de la gêne qu'il faut dissimuler ; les

(1) Janvier 1852.

brusques passages à travers le luxe des autres ;
les embarras humiliants qui arrêtent l'essor de
la pensée dans leurs mailles subtiles. Il cherche « à changer en rage de travail la terrible
mélancolie, où le jette le manque d'argent. »
Il avance son tableau. Mais les modèles coûtent
cher. Il attend. Rien ne vient. L'espérance se
lasse. Un ami, dont il avait fait le portrait, un
ingénieur anglais, lui propose de l'emmener
avec lui dans une tournée, qui le conduisait à
Cordoue et à Grenade. Ce voyage de six semaines fut une heureuse diversion. A peine en
route, Dehodencq est tout aux images nouvelles
qui l'enchantent ; l'enthousiasme lui fait oublier
les ennuis de la veille, l'incertitude du lendemain.

« Tu seras sans doute curieuse de savoir de
« quelle manière nous voyageons. Imagine-toi
« d'abord le plus magnifique temps qu'on puisse
« rêver. Un soleil de mai, pas un nuage au ciel,
« et cette cavalcade de quelques heures chaque
« jour dans les plus beaux sites qui se puissent
« rêver : bois de pins, de lauriers, d'oliviers,
« et des horizons de montagnes à se pâmer. Le
« tout assaisonné, comme toujours ici, d'his-
« toires de brigands, qui, la veille encore, er-
« raient dans les environs. Puis c'est un convoi

« d'une dizaine d'individus, armés jusqu'aux
« dents, porteurs de quelques milliers de réaux
« et bien décidés à se faire tuer jusqu'au der-
« nier. De temps à autre un pâtre, un labou-
« reur, un mendiant vous jettent en passant :
« *le Dieu vous garde!* animent ce désert et font
« toujours de l'Espagne actuelle la terre des
« Gil Blas et de don Quijote (1). »

Il passe son temps à prendre des notes, il vit
les yeux ouverts et le crayon à la main, il dessine « les châteaux, les ruelles, les posadas, »
il fait vivre en lui toutes les formes de cette
nature qu'il aime, il n'a plus un instant pour
songer à ses misères personnelles. Il est comme
chassé de lui-même par ces visions qui le prennent tout entier. Ces Arabes, ces hommes de
l'Orient, qu'il ira chercher au Maroc, Cordoue
et Grenade les évoquent devant lui. Ah ! la forêt
de colonnes de la Mosquée et les merveilles
féeriques de l'alhambra ! « Je m'arrache à la
« foule de mes souvenirs et de mes enchante-
« ments pour te donner de mes nouvelles et te
« tirer d'inquiétude. Il s'est passé tant et de si

---

(1) Cordoue, 27 février 1852. De Cordoue et de Grenade
Dehodencq écrivait à un ami deux lettres qui ont été per-
dues. Comme il ne se répétait pas, les lettres à sa mère en
ont été d'autant appauvries.

« intéressantes choses dans cette adorable ville,
« et ce qu'il en reste est si curieux, et tant de
« beaux rêves s'y rattachent, et les magnifiques
« sujets dont je te parlais prennent un corps
« et rayonnent devant moi à tel point que, pour
« mettre ordre là-dedans, il faudrait des mois
« et je n'ai malheureusement que quelques jours
« à peine... Je partis donc (de Cordoue) de
« grand matin et le soir je couchais à Baylen,
« de funeste mémoire. Forcé de rester tout le
« jour, je parcourus le champ de bataille, où
« tant de braves Français, vaincus de chaleur,
« de lassitude et de besoin, trouvèrent la dé-
« faite et la mort. Bref à ma rentrée dans le
« village, et, la diligence annoncée pour le
« soir ne devant venir que le surlendemain, je
« ressentis un tel dégoût que, par quelque moyen
« que ce fût, je voulus partir. Pas de chevaux.
« Je pris donc la *galère* (espèce de charrette)
« qui mit vingt-quatre heures pour me faire
« faire six lieues, et j'arrivai à Jaën glacé lit-
« téralement par les rafales d'un vent qui
« passe sur les montagnes neigeuses de Gre-
« nade et menaçait à tout moment de renverser,
« culbuter mules et charrette. La ville de Jaën
« est du reste encore une chose magnifique et
« j'y oubliai quelques heures le froid et la fa-

« tigue. Mais quelle épouvantable nuit j'allais
« avoir à passer dans ces montagnes! A cinq
« dans l'intérieur, couverts de paletots, mantes
« et manteaux, nous gelions. Le vent sifflait,
« passait par les vitres mal jointes, et, pour
« comble, la voiture s'arrêtait de longs inter-
« valles, le postillon refusant d'avancer. O ma
« belle Grenade pourquoi ne m'es-tu pas appa-
« rue dans toute ta splendeur, avec ton beau
« ciel bleu, ta chaleur étouffante de l'été... Ces
« violettes viennent de l'Alhambra, je les ai
« cueillies dans le jardin de Lindarraza, la
« favorite de l'infortuné Boabdil, tout près de
« la cour des Lions, où furent assassinés les
« Abencérages (1). »

Je retrouve la première idée d'un « de ces
magnifiques sujets » qui rayonnent alors devant
ses yeux. Don Juan d'Autriche arrive devant
Grenade pour chatier les Maures révoltés.
C'est un vieux morceau de papier jauni où
quelques traits à la plume, d'une brève éloquence, arrêtent les lignes principales de la
grande scène qu'il rêve : don Juan, le comte de
Miranda, un ou deux évêques, tous à cheval,
entourés de soldats ; et, se jetant au-devant d'eux,

_____

(1) Grenade, 10 mars 1852.

une foule de femmes éperdues, échappées au massacre et à l'incendie. Quelques lignes de sa main achèvent de préciser son idée et de fixer les images que l'émotion soulève. « Ces chevaux « qui piaffent, hennissent, ces femmes qui « pleurent, qui hurlent vengeance ; la fumée, « la poussière, le soleil brûlant et les murailles « Mauresques de Grenade !... Vengeance ! Ven- « geance !... Nous n'avons plus rien, rien... Ma « fille, ils l'ont violée, tenez... Nous nous ré- « veillons dans les flammes... Seule au devant « du groupe elle regarde dans le vide. Un « vieillard, que son grand âge condamne à l'i- « naction, soutenu par sa fille...Une vieille seule « dans ce monde... Elle montrait son sein, son « bras tout meurtris ; son enfant mort est sur « ses genoux, ils l'ont tué : elle n'a plus que la « force de pleurer... Pas trop de pitié dans don « Juan ; la gloire est là qui l'occupe, c'est son « premier fait d'armes, il regarde les monta- « gnes et voudrait déjà en venir aux mains... « des groupes de femmes descendant la mon- « tagne, d'autres, regardant au loin la flamme « qui s'élève dans l'air et leur annonce des « ruines nouvelles... L'évêque leur montre don « Juan, un autre eût pu montrer le ciel... Ce « qui lui importe à lui, Espagnol, c'est la

« ruine des Maures et le triomphe de la foi. »

Le tableau n'a jamais été exécuté, pour plus d'une raison sans doute. Au moment voulu les moyens d'exécution manquaient : la grande peinture est un luxe. Il ne reste que quelques dessins d'étude. Deux de ces dessins donnent l'ensemble de la composition, ils sont superbes de mouvement, de vie et d'émotion. Les femmes se pressent, crient à la fois, les bras se lèvent, on s'embrasse, on pleure ; c'est une effrayante ivresse, de douleur, de colère, d'enthousiasme et de rage. Dehodencq est le peintre de la foule. Il comprend cet être multiple, qui se forme soudain d'une multitude d'hommes, que réunit et parcourt un sentiment contagieux ; cet être bizarre, qui laisse à chacun son caractère, sa physionomie propre, sa manière de sentir, et cependant a son existence et son individualité. Il aime cette vie tumultueuse qui fait réapparaitre la nature dans sa violence première ; ce grossissement des passions qui se mêlent et débordent ; cette poussée irrésistible de la vague humaine qui emporte tout sur son passage. Il ne simplifie pas la foule, il ne la réduit pas à quelques groupes équilibrés, à quelques figurants qui s'agitent et s'essoufflent pour en donner l'illusion ; il la montre telle qu'on la voit aux

jours de fête ou de révolution, naïve et redoutable, confondue en une ondulation de corps
pressés et de têtes mouvantes. Et c'est parce
qu'il a la force et l'audace de jeter sur la même
toile cette multitude agitée qu'il peut dans un
tableau, comme le *Retour des Bohémiens*, montrer toute une race, en multipliant les types qui
en résument le caractère.

De retour à Séville, Dehodencq retrouve les
ennuis et les angoisses, un instant oubliés. « Je
suis toujours dans la triste disposition d'esprit
que tu connais, sans argent, sans habits, ne
sachant où me retourner pour trouver le calme.»
C'est au milieu de ces embarras qu'il reprend
son tableau et l'achève. « Toi aussi tu viens me
« parler du fameux Murillo, de ce pauvre grand
« peintre qu'ils ont presque laissé crever de
« faim trente ans de sa vie et faire de mauvaise
« peinture, faute d'argent pour se procurer les
« moyens de travailler consciencieusement.
« Ah ! qu'il eût bien ri le jour de l'enchère, s'il
« s'était trouvé là. Là, là, messieurs, pas tant
« de chaleur, je n'en ai plus besoin, aujourd'hui,
« de cet argent, gardez-le pour d'autres. C'é-
« tait tout de même de mon temps à Séville ;
« on vendait des tableaux à des prix exorbi-
« tants, et moi, en retour de mon pauvre petit

« tableau, je recevais quatre francs dix sous. »
Le public ne soupçonne pas à travers quelles
angoisses, quelles lassitudes, quels intervalles
d'écœurement et d'impuissance, sont parfois
exécutées les œuvres, qui semblent enlevées
dans un mouvement continu de verve triom-
phante.

Le duc de Montpensier vit la toile achevée,
déclara que c'était là « une ravissante page, »
et en commanda au peintre une réduction. « Le
prince ayant vu mon tableau m'a demandé d'en
faire une copie qu'il a l'intention, dit-il, d'envoyer au roi de Portugal. Du prix il n'en a pas
été question. Et ceci m'a fait penser beaucoup.
Ce serait peut-être une occasion de faire quelques portraits à la cour de Lisbonne, et je m'en
irais volontiers de ce côté. Aurais-je trouvé
enfin ce qu'il me faut pour travailler tranquil-
lement à mon retour à Paris (1). » L'espérance,
l'attente, toute sa vie est dans ces deux mots ;
la tranquillité ; il ne pouvait la trouver que
dans la mort.

Le tableau *des Bohémiens et Bohémiennes*
au retour d'une fête en Andalousie fut exposé
à Paris en 1853. A ce moment Dehodencq est

(1) Septembre 1852.

déjà loin de cette œuvre, son humeur inquiète l'entraîne vers des visions nouvelles, il va s'embarquer pour l'Afrique. Pourtant il veut savoir ce qu'on pense de son tableau, l'effet qu'il a produit; il a conscience qu'il est dans cette œuvre et que c'est bien lui qu'on va juger. « As-tu vu M. Cogniet? que pense-t-il de mon tableau? trouve-t-il un progrès? et quel effet t'a-t-il produit à l'Exposition? Dis-moi tout, je suis dans les meilleures conditions pour profiter d'un conseil et entendre la vérité. Ce tableau est fait depuis longtemps; je l'ai oublié et d'ailleurs j'ai bien autre chose en tête. Mais je ne serais pas fâché de savoir ce qu'il est bien réellement, non pour changer, il est trop tard, et puis je crois être maintenant dans ma voie; et Dieu merci! j'ai assez piétiné à droite et à gauche, en avant, en arrière, pour m'y tenir, fut-elle mauvaise (1). »

Son tableau eut un grand succès; M. Cogniet demandait autre chose, mais les consolations ne manquèrent pas. « Je suis bien enchanté de « tout ce que tu me dis touchant mes Bohémiens « et surtout de ce qu'en a dit M. de Mérimée!... « Je regrette que M. Cogniet ne soit pas satis-

(1) Cadix, juin 1853.

« fait. Son raisonnement, vois-tu, est à peu
« près celui-ci : Comment ! un garçon qui a
« fait de longues et fortes études, qui a en lui
« ce qu'il faut pour aborder de grandes toiles,
« ne trouve-t-il en Espagne à peindre que des
« taureaux et des Bohémiens ? Si l'intelligence
« et le cœur faisaient défaut, passe encore ! Je
« veux bien qu'il ait en tête de beaux projets et
« qu'il soit dans son intention de les exécuter
« un jour, mais ce jour venu, une fois classé,
« parqué dans un genre, quelles peines n'aura-
« t-il pas à en sortir ! Les hommes vous accep-
« tent d'une pièce et à première vue, et plus
« ensuite vous faites d'efforts pour vous élever,
« plus on vous accuse de prétentions exagérées.
« Et d'ailleurs n'est-ce pas dire aux gens :
« Vous vous étiez trompés ! — Que voulez-vous,
« mon cher maître, lui répondrai-je, de toutes
« les choses que je voudrais dire, j'en ai le
« cœur malade ; mais dans un pays où l'on
« ne trouve rien de ce qui est de toute nécessité
« à la peinture historique, je me suis jeté à
« corps perdu dans la nature, et là j'étudie mes
« types au soleil, dans les rues, sur les pla-
« ces (1). » Je ne sais ce que pensait M. Cogniet,

---

(1) Cadix, août 1853.

mais les réflexions qu'il lui prête sont bien justes. C'est une manie de demander à un peintre toujours le même tableau, et combien ne résistent pas, arrivent à l'exécution machinale et ne sont que les artisans d'un meuble de luxe ! Quoi qu'il en soit, Cogniet avait tort. Dehodencq était un génie de verve, un œil et une main admirables pour s'emparer de la nature, pour arrêter un aspect de la réalité, pour saisir et fixer sur la toile des types, des vivants, dont il avait l'imagination pleine. Il avait raison de se laisser aller à cette passion de peindre ce qu'il voyait. Sa peinture était plus historique qu'une grande dissertation d'école.

Il devait avoir une médaille, il ne l'eut pas, que se passa-t-il ? je l'ignore, mais il écrit à sa mère : « Le passage de ta dernière lettre, où tu t'accuses d'avoir été cause qu'on m'ait frustré d'une médaille, m'a bien fait rire. Pauvre chère mère ! Eh ! que m'importe cela ! je n'en ai pas un pouce ni en plus ni en moins. Hélas ! si tu savais comme ce système de médailles et de récompenses me semble puéril, et comme je plains ceux qui, se croyant artistes, ne sauraient travailler sans un stimulant de ce genre (1). »

_____

(1) Cadix, septembre 1853.

Tant d'innocence déconcerte. Est-ce qu'il ne faut pas vivre de son art? Est-ce que la peinture n'est pas l'objet d'un trafic légitime? Pouvez-vous faire que le public ne tienne pas aux bonnes marques de fabrique, avec estampille du gouvernement. Il y a deux mille ans que Jésus-Christ chassait les marchands du temple, ils ont eu le temps d'y rentrer. Une telle fierté porte son châtiment avec soi: on en meurt.

Théophile Gautier rendit pleine justice au jeune peintre, qui lui inspire une des belles pages qu'il ait écrites, une page qui, mieux que toute épithète, donne le sentiment du talent de Dehodencq, de sa verve ardente dont elle est échauffée. « Tous ceux qui ont eu le bonheur de voyager en Espagne doivent aimer passionnément le talent de M. Alfred Dehodencq, et nous sommes de ceux-là : sa *Course de Taureaux* sur une place de village, exposée il y a deux ans, était empreinte au plus haut degré de couleur locale et d'intime saveur espagnole ; *ses Bohémiens et Bohémiennes au retour d'une fête en Andalousie* ont le même mérite, mais soutenu par une exécution plus libre et plus magistrale.

« La scène se passe dans un de ces ravins sablonneux bordés de cactus et de croix de meurtre, qu'on appelle des chemins, faute d'autre nom, entre Cordoue et Malaga: on revient de quelque *feria* où *romeria* célèbre; l'ivresse de la fête dure encore et le bal continue sur la route; une gitana, brune comme un puro de la Havane, l'œil bistré, les cheveux d'un noir d'enfer, promène sur la peau tannée d'un pandero son pouce jauni par la fumée des cigarettes : son pied nu dans son chausson de satin soulève le falbala poussiéreux de sa robe bleue zébrée de blanc et suit le rythme que sa main indique; un majo, coiffé du chapeau calanes à retroussis de velours, drôle à physionomie agréablement farouche, qui doit exceller à dessiner au couteau des *Javeques* sur la figure des bourgeois, dodeline la tête et agite ses longues jambes que ne revêtent plus les guêtres de cuir de Ronda, mais bien un affreux pantalon large moderne. Camprubi improvisé, il fait vis-à-vis à cette Dolorès de grand chemin; près de la grande gitana, une petite fille aux yeux ardents, au teint fauve, calciné par les précoces passions de ce pays torride et le sang africain qui brûle ses jeunes veines, se tord et se déhanche avec une lascivité déjà savante. Un peu en arrière, une autre fillette plus formée fait craquer en guise de castagnettes les articulations de sa

petite main brune et maigre, et penche sa tête
au profil busqué, aux yeux passionnément
noirs, à la bouche où scintille une denture de
jeune louve. Derrière ce groupe, un vieux che-
napan, un Lazarille de Tormès, un Ginés de
Passamonte, juché sur un âne descendant du
grison de Sancho, râcle le jambon et tape le
bois avec fureur, excitant à la danse tout un
monde de drôles basanés et de drôlesses hagar-
des qui se démènent éperdûment jusqu'au fond
du tableau.

« De l'autre côté du chemin chemine paisible-
ment une galère traînée par des bœufs coiffés,
comme des prêtres égyptiens, d'un pschent de
sparterie jaune et de laine rouge ; dans cette
galère aux ridelles garnies de nattes, sont à
demi couchées deux senoras un peu plus aris-
tocratiques, qui sourient à cette bachanale cho-
régraphique, et marquent la mesure de leur
éventail; une ombre transparente les baigne, et
sur leurs figures pâles s'inscrivent, en traits
d'encre de Chine, de longs sourcils arabes ;
elles portent le peigne à galerie, la mantille et
la basquine, et Goya seul dessinerait d'un coup
de pointe deux figures aussi profondément an-
dalouses.

« Il faut que M. Dehodencq parle *calo* comme

M. Mérimée, qu'il ait vécu de longues années
à Triana, et se soit accroupi dans les cryptes
du Monte-Sagrado, à Grenade, pour connaître
si familièrement sa Bohême; il est impossible
d'être plus vrai, plus local, plus caractéristique.
Chaque coup de pinceau est une observation,
et quand cette race bizarre, émigration des
tribus parias de l'Inde, aura disparu, noyée par
la civilisation envahissante, on la retrouvera
tout entière, avec son type, son geste, son
allure, dans le tableau de M. Dehodencq, que
nous mettons à côté de *Carmen*, le chef-d'œuvre
de l'auteur du Théâtre de *Clara Gazul*.

« Voilà de l'Espagne sincère dans toute son âpre
crudité, qui ne ressemble guère à l'Espagne de
ballet et de romance ! Quelle vérité dans ce
ciel blanchi de poussière, dans ces cactus tor-
tillant leurs palettes, semblables à des vertè-
bres de cachalots échoués, dans ce chemin tor-
rentueux dont les berges laissent voir la craie
et le tuf, dans ce ruisseau de gitanos qui coule
à pleins bords, chantant, riant, dansant, gesticulant avec un bruit de grelots, de castagnettes,
de tambours de basque et de chansons guttu-
rales, où se devine encore l'accent de l'arabe.
Vive cette joyeuse misère ! cet amour au grand
soleil et cette insouciance bohémienne !

Ne sont-ils pas les rois du monde, ces coquins hâlés qui n'ont peut-être pas d'autres piécettes sur eux que celles de leurs boutons et se trémoussent allègrement devant ces belles filles vaillamment découplées, si fièrement campées sur les hanches et dont un regard éteindrait les yeux atones de nos Parisiennes, occupées de la rente et du cours des chemins de fer. — Le tableau de M. Dehodencq a ranimé chez nous ce rêve que nous avons fait cent fois de jeter là notre plume de feuilletoniste et d'aller mener la vie de la lune avec les gueux espagnols (1). »

Dehodencq est revenu souvent à ses chers Bohémiens, toujours avec le même succès. J'ai sous les yeux *une Bohémienne en marche*, une aquarelle, dont il n'a pas tiré de tableau, que je sache, sans doute parce qu'il n'avait plus rien à dire. Cette aquarelle n'est pas un jeu de tons juxtaposés, une surprise, un paradoxe, elle a la fermeté et la vigueur d'une peinture à l'huile. La Gitana s'avance dans un chemin creux dont les flancs de sable blanc sont tout chauds de soleil. Elle va dans la lumière, dans la pleine liberté de la vie nomade. Elle est grande, les

(1) *La Presse*, 1853.

mèches de ses cheveux flottent au vent, sa
camisole ouverte laisse voir son épaule nue.
Quelque chose d'inquiétant sans doute l'arrête.
L'aîné des enfants, un gamin de six à sept ans,
se jette dans ses jambes et les embrasse en regardant d'un air peureux devant lui. Sous son
bras gauche replié elle tient un bambin de six
mois, au ton de citron, empaqueté dans des
langes bariolés, tranquille, avec une expression
de sérénité animale que rien ne peut rendre.
Elle, le pas suspendu, fière, la tête levée, le
corps en arrêt, l'œil de flamme, regarde avec une
défiance menaçante, dans l'attitude résolue des
bêtes qui défendent leurs petits. Sa tête sauvage
se détache sur le ciel bleu où courent des
nuages légers. Le vieux châle noir qui retombe
effiloché sur sa robe de lainage rouge a des
allures de draperie ; elle apparaît dans ses
haillons bigarrés comme la déesse d'une autre
race. Rien qu'à la façon dont elle porte le bambin sous son bras gauche, on devine qu'il n'a
pas d'autre berceau ; et comme on sent qu'elle
est là chez elle, que les routes poudreuses sont
sa patrie, et qu'elle est de la nature, toute
mêlée à la vie des choses : c'est superbe de poésie
et de réalité.

Nous retrouvons les Bohémiens andalous dans

la Bonne aventure (1). « Sur un chemin pou-
dreux, bordé de cactus, une grande diablesse
effrontée, au teint de citron, aux yeux de braise,
s'avance vers le spectateur, la bouche ouverte
par le cri qu'elle pousse. D'une main elle secoue
son tambour de basque de l'autre elle fait un
geste cabalistique. Un enfant noir et ébouriffé
s'accroche à sa robe de cotonnade, pareil à un
diablotin suivant une sorcière. Plus loin un
bandit, drapé de son manteau d'amadou, et une
vieille hagarde, enterrée sous sa mante de laine,
campent à l'angle de la route, comme des bêtes
féroces embusquées. — Rien de plus vrai et de
plus local que ces types à demi sauvages ; leur
ressemblance est criante, il s'en dégage je ne
sais quel fumet de fauves qu'on croit odorer (2). »
Théophile Gautier retrouve dans cette peinture
« l'accent picaresque et l'âpre saveur des premières scènes espagnoles, » l'exécution lui semble « s'être relâchée. » Bien plutôt elle me
semble moins alerte, moins vive, moins jeune,
comme si, malgré tout et jusque dans son rêve,
pesait sur la main de l'artiste le poids de la douleur humaine.

(1) Exposition de 1865. Ce tableau valut au peintre une
médaille.
(2) Cette description que je trouve sur un fragment de
journal, ne peut être que de Th. Gautier.

Il ne l'avait pas perdue pourtant cette verve qui met dans la touche du peintre le frémissement de la vie. Il était à peindre la *Bonne aventure*. Un jour le modèle, une bohémienne, avait amené avec elle sa petite fille, qui s'était aussitôt réfugiée dans un coin de l'atelier. Pendant un repos de la mère, il prend une toile, et presque sans y songer, dans une de ces heures, où il était l'égal des plus grands, il fixe sur la toile l'image de la petite gitana, qui, sauvage, rebelle, refusait de poser. De ses cheveux ébouriffés sort sa petite figure bistrée, farouche, dans laquelle éclatent deux grands yeux noirs, brûlants et limpides, des grands yeux d'animal où, à je ne sais quelle rêverie mystérieuse, dans laquelle flotte toute la nature, se mêle la défiance, le désir, et tout l'emportement des instincts qui sommeillent. L'exécution vibrante fait partie du caractère, ne s'en distingue pas ; elle est expressive comme ces vieilles chansons populaires qui, par le rythme seul, par le choix d'une épithète, par la place d'un mot font entrevoir tout un monde. Pas de sujet, rien qu'un enfant, un hasard heureux par un jour d'hiver, et c'est l'art même : le portrait d'une race (1) !

(1) Ce tableau appartient aujourd'hui à un peintre distingué, Th. Gide, qui a rendu à Dehodencq de signalés services.

C'est bien là « cette étonnante aptitude ethnographique, ce sentiment profond des races, »
dont parle Théophile Gautier. Mais pour en
trouver le principe, il faut descendre plus avant
dans l'intimité du génie de Dehodencq. Il ne
décompose pas le type, comme le savant, pour
en démêler par l'analyse les traits dominateurs
et fixes. Il voit les choses et les êtres, il s'en
éprend, rien de plus. Il n'est ni un descriptif
de l'école de Delille, ni un de nos impassibles,
qui se grisent d'images savamment. On n'a pas
tout dit quand on a dit qu'il est un coloriste.
La peinture pour lui reste un langage. Le principe de sa fougue est dans son émotion. Ce
pittoresque est un sincère, un sentimental,
un passionné. Sa main ne frémit qu'au rythme
des battements de son cœur. Les défaillances
commencent quand elle n'est pas assez prompte
pour suivre les emportements de la sensibilité, ou quand son âme, lassée, par une réac-
tion nécessaire, tout à coup refuse de sentir
et le laisse dans un silence qui l'effraie. Sur
sa tombe entr'ouverte, Théodore de Banville,
son vieil ami, disait avec profondeur : « son
génie était sa tendresse même, il fut toujours
fait d'un immense effort d'amour; car l'amour
seul ose et sait créer quelque chose. » Dehodencq

écrivait lui-même : « Je commence à regarder
Séville comme une seconde patrie ; le cœur me
battait à l'idée de la revoir ; il est vrai que ce
matin je sentais quelque chose de pareil en vue
de Cadix. Que veux-tu ? Dans tous les endroits
où je vais et passe quelques mois, il me semble
toujours que je vais rendre l'âme au moment de
partir. Au retour c'est à n'y pas tenir au souvenir des impressions bonnes ou mauvaises que
j'y ai laissées (1). » Il aimait ses gitanos, comme
il avait horreur du froid. Il aimait le soleil
dans l'ardeur de leur regard, dans leur sang
chaud et coloré ; toute la nature dans leurs instincts mal définis ; la poussière soulevée dans
les marches vers l'inconnu ; la vie errante, livrée
au destin, aux hasards de l'éternelle aventure ;
l'indépendance de toutes les servitudes, dont il
souffrait sans s'y pouvoir soumettre. Il les
aimait en artiste qui multiplie sa vie par la vie
des autres. Le poète a la faculté d'éprouver par
une transmission soudaine les sentiments qu'il
imagine. Il reconstruit des états d'âme ignorés.
Shakespeare trouve en lui les éléments qui se
combinent dans les caractères de Macbeth,
d'Othello, d'Yago, de Falstaff, et l'étincelle de

(1) Cadix 21 octobre 1853.

vie qui les traverse et les organise. Le génie est ainsi une sorte de sympathie créatrice, qui varie le poète en êtres multiples qu'il est tour à tour, sans cesser d'être lui-même. Le génie ressemble à l'amour divin qui se transforme en tout ce qu'il crée ; qui sait s'il n'est pas, présente à l'homme, cette réalité insaisissable et cachée qui, sans se perdre elle-même, suscite la Maïa universelle, le mirage décevant des phénomènes éphémères ?

VI

Cependant les commandes n'arrivaient pas.
Toujours la même détresse! Toujours l'inquiétude humiliante de voir la gêne cachée se trahir
à tous les yeux! Toujours cette vie d'attente
qui use les forces prêtes pour les œuvres rêvées!
Le tableau des *Bohémiens au retour d'une fête*
achevé, Dehodencq, de nouveau, se résigne au
départ. Il n'attend plus que l'argent qui lui
reste dû pour la copie commandée par le prince.
On ne se hâtait pas de le payer. Il se décide à
annoncer son retour en France. « J'ai encore
« été assez embarrassé d'argent ces jours der-
« niers. Bien que plusieurs occasions d'aller
« au palais se fussent présentées, je ne voulais,
« je ne pouvais pas toucher ce point délicat.
« Comment faire cependant? le temps pressait.

« Tailleur, bottier, hôtesse, tous allaient me
« tomber sur les reins. Je pris donc mon cou-
« rage à deux mains et fus voir M. de Latour,
« lui annonçant mon prochain départ, et lui
« demandant quand je pourrais prendre congé
« de Son Altesse. « Mais vous voulez donc en
« nous quittant nous laisser vos débiteurs ?
« Vous me faites penser que j'ai mille francs à
« vous remettre de la part du prince... » Je ne
« le laissai pas, achever, comme bien tu penses.
« — Vous me feriez croire, lui dis-je, que je suis
« venu pour vous le rappeler. » Dehodencq est
là tout entier avec sa fierté de gentilhomme
castillan et sa belle allure française.

Mais quelle destinée ! Coudoyer les princes,
qui ont pour misère la perte d'un trône et pour
consolation les jardins de l'Alcazar, et, avec
une âme royale, avoir pour soucis, le regard
du fournisseur qui n'est pas payé, la bottine
qui se déforme, la redingote qui se lustre. Être
l'artiste, l'homme qui de la vie fait un jeu divin,
du monde un rêve ; qui, tout à ce rêve, doit
l'animer de sa vie jusqu'à ce qu'il se transforme
et s'échappe en une œuvre visible à tous ; donner
toutes ses forces vives à la création d'une apparence, où la nature et l'homme semblent frater-
nels, et plus que tout autre sentir l'âpre réalité,

les contradictions douloureuses, tout le lourd
fardeau des besoins qui pèsent sur l'homme et le
courbent jusqu'à la bête. Avoir rêvé les luttes
héroïques, la lutte de Jacob et de l'ange, les
grands efforts vers les grandes œuvres ; avoir
donné de la noblesse au destin pour le mettre
à sa taille. et le trouver sous les formes inattendues des mille nécessités de la vie quoti-
dienne, des embarras, dont on a honte, des
petits obstacles multipliés sur la route, qui
usent le courage ! Et sous toutes ces métamorphoses en venir à reconnaître enfin le Destin, à découvrir son nom en même temps que
sa puissance, à s'apercevoir que dans les sociétés modernes il s'appelle l'Argent. L'argent,
qu'on méprisait, dont on laissait le souci aux
autres, aux bourgeois, à ceux dont on ne voulait pas être ; qu'on croyait conquérir par sur-
croît, sans y songer ! Et voilà que l'Argent se
venge. Il ne se donne qu'à ceux qui l'aiment. Il
veut qu'on lui sacrifie tout, il veut qu'on l'adore.
Il est le Tentateur. Quand il a lassé le courage
par les petites souffrances de chaque heure, par
les humiliations qui vont d'elles-mêmes à ceux
qu'il dédaigne, quand il a bien montré qu'il est
implacable et fort, il prend les allures caressantes, il s'offre avec les attouchements impurs

de la courtisane. « Il n'est rien que je ne puisse devenir dans mes métamorphoses. Quoi qu'on veuille et quoi qu'on fasse, il faut toujours en appeler à moi. Je donne le plaisir à ceux qui l'aiment, je permets de satisfaire toutes les curiosités du désir humain, car rien ne me résiste. Je confonds l'art et la vie; je fais de l'art plus qu'une vaine apparence, je lui donne la réalité du luxe qui réjouit les regards et semble mêler aux choses la joie de vivre. La gloire ne se distingue pas de moi, je suis le succès et je l'entretiens sans effort. Pour les cœurs généreux je m'appelle l'indépendance, plus encore la libéralité: je rends possible la bonté et je fais des heureux. Les plus forts viennent à moi et ceux qui affectent de me mépriser ne cherchent qu'à cacher mes dédains et leur impuissance. » Dehodencq a toujours répondu : non.

Il allait partir, une nouvelle commande du prince le retint. Eut-il raison de s'en réjouir ? qui le sait ? Il revenait en France recueillir le fruit du succès de ses *Bohémiens*; il reprenait le rang; on s'habituait à lui faire sa place; il entrait dans les calculs des ambitieux pressés. Il évitait l'oubli. Mais le hasard, auquel si volontiers il livrait sa vie, en avait décidé autre-

ment. « Le prince (et remarque comme il a toujours été question de lui toutes les fois qu'il
m'est survenu quelque chose de bon dans ce
maudit pays), le prince m'a commandé son
portrait, celui de l'infante et de leurs trois enfants, sur une toile d'environ six pieds, avec
paysage, le tout comme je l'entendrais. En ce
moment je suis installé au palais. J'ai pour
atelier l'appartement occupé par la princesse
Clémentine, au moment de son passage à Séville ; comme récréation de charmants jardins
où je puis me promener et étudier à loisir ; et
pour modèles leurs Altesses, duc et duchesse
de Montpensier, qui posent peu de temps, assez
mal, mais souvent (1). » Il y a là dans la vie de
Dehodencq quelques mois d'accalmie. Le séjour
et le milieu lui convenaient. Il se met à l'œuvre
avec ardeur. « Tu es sans doute curieuse de savoir ce qu'il en est de ces portraits, si cela
avance et se trouve en bon chemin. J'ai ébauché
le tout complètement, une ébauche assez avancée. Dès les premières touches la tête du duc
sortait vivante, douce et spirituelle. Ce fut pour
moi une bonne fortune, car si tout d'ordinaire
dépend du commencement, c'est plus que jamais

(1) Décembre 1852. Séville.

le cas en pareille circonstance. J'avais été pré-
venu que leurs Altesses n'aimaient pas les longues poses, et m'étais arrangé en conséquence.
Mais voilà que tout est bien changé. C'est à qui
me posera maintenant, et je me hâte d'en profiter. Ce que m'ont coûté de peines et de sueurs
les deux petites infantes, l'une de quatre ans,
l'autre de deux à peine, ne se peut raconter.
Bref tout avance à la satisfaction générale.
M. de Latour plus que tout autre en est tout
joyeux. »

L'œuvre achevée, le prince donne une fête où
elle devait être exposée : c'était une attention
délicate, une manière de stimuler la vanité de
ceux qu'à coup sûr tenterait son exemple. « Ce
« même soir devaient être exposés mes portraits
« de la famille royale; je n'étais pas sans ap-
« préhension, non pour moi, je savais à quoi
« m'en tenir, et ce que l'on pouvait me dire à
« droite et à gauche, je m'en moquais comme
« d'une chiquenaude; mais pour mes nobles
« hôtes, si pleins d'attentions et de bontés pour
« moi. Te le dirai-je, le succès a été complet;
« de toutes parts je recevais des félicitations.
« Et moi de prendre tout cela poliment, mais
« assez froidement; et les gens de se récrier
« sur ma modestie, qui n'est à vrai dire qu'une

« profonde indifférence à l'endroit des cómpli-
« ments banals et moutonniers. Mais, tu vas
« voir, et ceci est plus fort et même très élo-
« quent. J'avais en me couchant (en perspec-
« tive) quatorze portraits à faire. Un Anglais,
« fixé à Séville depuis nombre d'années, désire
« un tableau de sa famille dans le genre de ce-
« lui du prince. Et comme ce même soir, après
« une assez longue conversation, nous n'avions
« rien décidé, il me quitta en me disant que
« c'était chose faite et que, quand je voudrais,
« je n'avais qu'à lui faire mes conditions et
« qu'alors tout serait dit. » Allons donc! voilà
la fortune si longtemps attendue ! Il n'y a plus
qu'à se mettre à l'œuvre, et sans retard. «Comme
cela me prendra du temps, j'hésite. » Qu'est-ce à
dire ? c'est là tout l'enthousiasme, vous ne dai-
gnez pas tendre la main à l'or qui s'offre. Vous
hésitez! Le désir tombe dès que sa réalisation
devient possible. Vous êtes donc bien riche, et
par quel miracle! « Le prince m'a fait remettre
« 14,000 réaux, environ 3,500 francs. Mais
« hélas ! et mes dettes, et le tailleur, et le bot-
« tier, et que sais-je ? Mes allées et venues au
« château, ma vie de grand seigneur m'ont
« coûté fort cher. Bref, il me restera, tout payé,
« mille francs, avec lesquels je pourrais aller

« te trouver ; et Dieu sait si je le désire ; mais
« je suis à quelques lieues seulement de l'Afri-
« que ; que de fois n'ai-je pas soupiré en regar-
« dant de ce côté ! et, une fois de retour, quels
« regrets n'aurai-je pas de n'avoir pas cédé à la
« tentation, rien ne s'y opposant plus mainte-
« nant. Toi-même alors seras de mon avis. Tu le
« veux bien, je pars, et vite, avant que les
« grandes chaleurs ne viennent et que ce ne
« soit presque impraticable... Les quelques
« études faites en Afrique compléteront mon
« voyage de Grenade et de Cordoue. »

Votre peintre, monsieur, manque tout à fait
de bon sens ; comment ! il sait le prix de l'argent, et à ses dépens ; l'argent s'offre, il le repousse. Le voilà bien riche avec ses mille francs !
On va loin avec ça, surtout en voyage. L'ordre
et l'épargne sont de grandes vertus ; elles font
les bonnes maisons. Quelle ignorance et quelle
violation de toutes les lois de l'économie politique : se fermer les débouchés ! Si tout le
monde agissait ainsi, où serions-nous ? Les artistes en sont revenus de ces imprudences et de
ces folies. — Eh ! monsieur, admirez la four-
mi, laissez-nous aimer la cigale. Vos artistes,
hommes d'affaires... — Le vôtre ne sera jamais
de l'Institut. — Certainement. — Il n'est même

pas prix de Rome, il n'a pas suivi la filière. —
C'est vrai. — Sans le dévouement infatigable de
sa mère, sans la fortune bourgeoise de sa tante,
il serait mort de faim... — Morbleu ! monsieur,
il est de mauvais goût d'avoir trop raison, que
d'autres le condamnent ; j'aime ses défauts,
rares comme le désintéressement et la vaillance,
nobles comme la dévotion à l'idée, inutiles
comme les perles, dangereuses comme la beauté
d'Hélène. Je n'ai pas le courage de m'indigner
quand il écrit : « Je ne suis pas fait, j'en ai ac-
quis la certitude, pour lutter mesquinement
jour par jour ; je ne saurais, et *cela est désolant*,
mettre mon activité au service d'un intérêt quel-
conque (1). » Eût-il compris l'insouciance des
Bohémiens en fête, la joie de la vie errante et
libre, s'il eût eu vos qualités de marchand économe et sournois. Et qu'est-ce donc que l'art,
s'il n'est cet amour de la divine illusion, le sacrifice de tout ce qui semble à la foule le réel
et le vrai à une apparence ailée, qui flotte en
images légères, qu'on croit saisir et qu'on revoit devant soi plus belle, plus rayonnante, et
qu'on poursuit encore ! Et qui sait s'ils ne sont
pas, ces artistes épris du rêve, les amants de la

(1) Lettre à M. Dubois. Séville, 2 juillet 1851.

seule réalité véritable? En route donc vers les nouveaux rivages, où nous appelle la libre fantaisie de l'artiste.

Il part de Séville pour Cadix par un affreux temps. « Je croyais pouvoir jouir impunément « de ce ciel orageux et d'une mer houleuse. Je « me rappelle que, le ciel s'étant éclairci tout « à coup, lors du départ, je me pris à le regret- « ter vivement. Hélas ! ignorant du sort qui « m'attendait à quelques heures de là, je cher- « chais de l'œil cette longue ligne de blanche « écume qui annonce la mer ; et je pensais aux « années précédentes, où j'avais passé de si « belles heures mollement bercé sur cette sur- « face limpide et bleue. Nuages, roulez ! bon- « dissez, vagues ! m'écriais-je intérieurement, « mais toi, ô vapeur, tiens-toi bien, tu portes, « souviens-t'en, Dehodencq et sa fortune ! Et les « nuages de s'amonceler, et la vague de s'éten- « dre, courir et se tordre, et le bateau d'aller « de droite à gauche et d'avant en arrière. Et « moi de ne plus tant rire, et de prendre le « parti de m'asseoir, ne pouvant plus me tenir « sur mes jambes. Et je voyais un à un descen- « dre les passagers, et j'en voyais qui, ne pou- « vant même pas descendre, avaient pris le « parti de rester la tête nue et les bras pendant

« sur l'abîme. Puis voilà que tout d'un coup
« et à plusieurs reprises la lame balaie le pont,
« le vent redouble, la pluie fouette et ruisselle.
« D'un pied fort mal assuré je me dirige vers le
« petit escalier, hélas ! il est trop tard. Trop
« tard ! et j'empoigne au hasard la première
« chose venue, et ma foi ! là me sentant vaincu
« je m'affaissai. La mer ne me paraissait plus
« belle du tout. Les belles heures des années
« précédentes envolées ! Mère, patrie, amis,
« néant ! Et la peinture donc ! Que diable ! pen-
« sais-je, aller faire des études de mer par un
« temps pareil ! Et je me rappelle que le capi-
« taine, avec lequel je causais quelque temps
« avant, et qui seul, impassible, se promenait
« sur le pont, ou pour mieux dire glissait, valsait
« sur le pont, après quelques mots de condoléance
« sur le piteux état dans lequel je me trouvais,
« étant venu me dire, en forme de plaisanterie :
« Comptez-vous aller au théâtre, ce soir ? je
« me soulevai à demi pour lui répondre, et
« lui jeter au visage un torrent d'injures (1). »

Mais au moment où il écrit cette lettre,
l'atroce mal de mer n'est plus qu'un souvenir. Il est tout à l'enthousiasme. « Je vais

(1) Cadix, 17 mai 1853.

« faire des études de mer, peindre des Juifs et
« des Juives, et des Maures et des Mauresques!
« Songe donc une petite ville toute blanche,
« sur la terre d'Afrique, baignée par la Médi-
« terranée, et un beau janissaire du consulat
« français pour guide et compagnon. Une petite
« excursion sur la côte de Tanger à Tétuan,
« toujours avec mon janissaire et à cheval, ou
« suivant une caravane. Tout ce qu'on peut voir
« là de pittoresque, et pas de société, ou du
« moins rien qui mérite ce nom, ma foi! tu
« conviendras que si le bonheur n'est pas là, il
« est difficile de le rencontrer ici-bas. Remar-
« que bien que je ne me fais pas d'illusions; je
« mets, comme toujours, les choses au pis; sup-
« pose que les femmes soient laides, les hom-
« mes mal tournés, le type à peu près effacé;
« faux, archi-faux tout ce que l'on dit touchant
« les coutumes et costumes de ce peuple si dif-
« férent de nous; n'en restera-t-il pas toujours
« assez avec ce ciel, cette mer, cette plage que
« dore le soleil africain, et les souvenirs qui s'y
« rattachent. De là s'élancèrent à la conquête
« de l'Espagne ces vaillants musulmans, Tarik
« et ses cinq cents cavaliers; là, sur cette même
« plage, quelques centaines d'années plus tard
« devaient finir misérablement les derniers rois

« de Grenade. Tu m'avoueras que, quand on a
« rêvé ça toute sa vie, et que le premier livre
« qu'on ait lu s'appelle les *Mille et une nuits*, on
« ne s'effraie pas de la réalité, fût-elle triste et
« plate, on s'en sert. Pauvre chère mère ! tu
« trouves peut-être tout cela peu en harmonie
« avec les idées qui t'occupent en ce moment ?
« Peut-être pleures-tu ? Peut-être es-tu cha-
« grine, en songeant à la facilité avec laquelle
« je cède à l'enthousiasme ? Hélas ! tout ce que
« tu vois là, toi, c'est que je m'éloigne de plus en
« plus et semble ne pas vouloir revenir. Cou-
« rage, courage encore, chère mère, et je serai
« tout à toi. Autant qu'on peut aimer, je t'aime ;
« mais dans le silence et le recueillement où je
« t'écris ces lignes, j'entends là près de moi le
« sourd mugissement de la mer : c'est comme
« un appel, auquel je ne puis résister (1). »

A Cadix, il attendait une occasion de s'embarquer pour Tanger, quand arriva une frégate à
vapeur française, *le Newton*, commandée par
le capitaine de vaisseau de Maisonneuve, et
chargée par le gouvernement d'une mission sur
les côtes de l'Espagne, du Portugal et du Maroc. A Séville, il était entré en relations avec

(1) Cadix, 17 mai 1853.

les officiers de la frégate, parmi lesquels il avait
un ami. Connaissant ses projets de voyage, le
capitaine lui avait offert l'hospitalité à bord.
Mais Dehodencq, peintre d'un prince de la famille d'Orléans, n'avait pas cru pouvoir accepter ces offres. Il se fait conduire à bord du
Newton; il veut revoir des compatriotes, entendre quelques heures la langue de la patrie.
On le retient, il commence le portrait du lieutenant de vaisseau, dont il était l'ami. Le soir,
il veut retourner à terre, on lui déclare qu'il
est prisonnier, il se résigne et ne résiste plus.

« La première nuit que je passai à bord, nous
« fûmes réveillés tout à coup dans le silence
« par le canon de détresse. Un bâtiment fran-
« çais, *le Cerbère*, quittant la baie de Cadix, le
« soir même, avait fait fausse route dans les
« ténèbres et, voulant éviter les bancs de sa-
« ble, s'était jeté à la côte. En un clin d'œil,
« tout le monde fut sur le pont. Une brume
« épaisse empêchait de rien distinguer au loin.
« Tous penchés sur les bastingages, nous re-
« gardions, pleins d'anxiété, dans le vide. Les
« fusées, lancées de moment en moment dans
« l'espace, éclairaient seules la scène ; le com-
« mandant se promenait de long en large. Il se
« passa là quelques minutes d'un calme ef-

« frayant : tous inquiets pour ces braves gens,
« qui, là-bas, tiraient le canon, le seul moyen
« qu'on ait en pareil cas de se faire compren-
« dre, et il est assez éloquent, je t'assure. Il me
« semble encore entendre la voix forte, vi-
« brante du commandant : « Tous en bas, les
« hommes de quart seuls sur le pont. » Alors
« je descendis, je m'assis sur mon lit, et j'écou-
« tai seul tout ce bruit qui se faisait autour et
« au-dessus de moi, ces embarcations qu'on
« mettait à la mer, ce va-et-vient continuel,
« ces ordres brefs, cette machine à vapeur qui
« chauffait en attendant le jour : tout cela poi-
« gnant et d'un fier effet... Le lendemain,
« nous partions pour Huelva et Palos, petit
« port aujourd'hui, très important autrefois, où
« Christophe Colomb s'embarqua enfin pour
« aller découvrir l'Amérique. Après y être resté
« deux jours et avoir visité le couvent où ce
« pauvre grand homme, rebuté de tous côtés,
« regardé comme fou, et dans la dernière mi-
« sère, trouva l'hospitalité et des protecteurs,
« nous partîmes pour Lisbonne, où nous arri-
« vâmes après trente heures de traversée (1). »
A bord, il payait l'hospitalité des officiers en

(1) Lisbonne, 8 juin 1853.

faisant le portrait du commandant ; à terre, toujours le crayon ou le pinceau à la main, « il fait ample provision d'impressions et d'images, qui vont l'enrichissant de plus en plus. » Six semaines d'oubli de la vie ! Six semaines de visions et d'enchantements ! l'âme mêlée à la nature, rayonnant avec le soleil, bercée au mouvement des flots étincelants, sans autre existence, sans autre pensée que les grands spectacles qui la traversaient. Il aimait à conter son premier emportement d'enthousiasme à la vue de Tanger : la baie frémissant sous la lumière ; la ville toute blanche, éclatant sous le soleil, se détachant sur les montagnes d'un bleu velouté, comme une immense parure de diamant sur une robe féerique de velours bleu. Il criait, mêlait les jurons espagnols et français, levait les bras, gesticulait ; et les matelots impassibles, tout à la manœuvre, regardaient avec inquiétude cet homme bizarre, que troublait un spectacle qu'ils ne voyaient pas.

De retour à Cadix, il n'est pas dégrisé. « Te « peindre mon enivrement à la vue de ces cho- « ses si nouvelles et pourtant si connues de moi « serait impossible. Qu'il te suffise de savoir « que j'ai rapporté ample provision de maté- « riaux et que cependant j'ai le cœur navré à

« l'idée de quitter si tôt, pour ne plus la revoir
« jamais peut-être, cette terre objet de tous mes
« rêves. Pourquoi n'ai-je pu y aller plus tôt !
« que de regrets !... Ah ! j'ai fait là un beau
« voyage et bien plein, mais hélas trop rapide.
« Ah ! Tétuan ! J'ai cru en perdre la tête. Dès
« cinq heures du matin (arrivés de la veille)
« nous quittions le bord pour nous rendre à
« l'entrée d'une petite rivière et de là gagner à
« cheval la ville distante de deux lieues et située
« dans la plus délicieuse vallée, toute blanche
« et dominée par de hautes montagnes. Une
« vingtaine de janissaires nous attendaient
« pour nous servir d'escorte, faisant la *fantasia*,
« ce qui consiste à lancer leurs chevaux au ga-
« lop, et debout sur leurs étriers, le burnous au
« vent, jeter leur fusil en l'air et le rattrapant
« adroitement tirer au loin dans la campagne,
« quand, pour plus d'honneur, ils ne vous lâ-
« chent pas le coup en plein visage. J'avais un
« cheval arabe, une selle arabe, et les jambes
« ramenées sur les flancs de la noble bête à
« la façon des Arabes. Que de belles choses
« j'ai vues tout ce jour ! le terme presque de
« notre voyage, car nous avions passé un
« mois déjà à voir Tanger, Mogador, Saffi,
« R'bat. S'lé, Mehedillah, El Araiche, la baie

« de Jérémias, le cap Spartel et de nouveau
« Tanger, et sur la côte d'Espagne Tarifa, Al-
« gésiras, Gibraltar, Ceuta... Dans chaque ville
« nous restions deux, quatre et six jours, et
« moi prenant des notes j'allais courant de
« tous côtés, dessinant quelques traits à la
« hâte, et, sans que l'on me remarquât trop,
« des femmes voilées qui ne laissaient voir
« qu'un œil, des troupes d'enfants dans le plus
« ravissant débraillé, pailletés de couleurs ri-
« ches et harmonieuses ; des fêtes dans le genre
« de celles que nous eûmes à Mogador, où le
« neveu de l'empereur, alors en guerre avec
« une partie de ses sujets, avait rapporté je
« ne sais plus combien de têtes comme trophées
« de sa victoire. J'ai tout recueilli, tout noté,
« mais hélas ! encore une fois, tout cela est
« incomplet, c'est un long séjour qu'il faudrait
« faire là-bas (1). »

De retour à Cadix, il sort de son rêve pour
rentrer dans la vie réelle. Le réveil est dur.
« Les onces que j'avais emportées, hélas ! mes
dernières se sont fondues ; j'arrive à Cadix,
tout payé, avec 30 francs, et je n'ai plus même
de quoi m'en retourner à Séville. » La nourri-

(1) Cadix, 29 juillet 1853.

ture du bord, le soleil d'Afrique, l'excès des fatigues et des émotions lui ont tourné le sang : il tombe malade. Heureusement on connaît le peintre de Son Altesse Royale, et l'on est trop heureux de l'héberger longtemps. En fait, il est prisonnier. « Je suis si plein d'ennui, si tourmenté de ce besoin d'argent! quand donc finira cette éternelle gêne? Et pourtant ce me serait bien facile sous certains rapports : on conte ici des exemples prodigieux de fortunes faites par de pauvres diables de peintres ! Mais quel métier que celui de faire des portraits et des tableaux de sainteté à la douzaine ! de la peinture une spéculation ! Cela renverse toutes mes idées. J'ai des goûts terribles, un besoin de donner de l'argent à droite et à gauche, qui ne s'arrange pas de cette vie mesquine, à laquelle je suis probablement condamné à perpétuité (1). » Il travaille cependant ; il fait deux esquisses d'après ses études du Maroc et quelques aquarelles.

Sur ces entrefaites, la reine Marie-Amélie débarque à Cadix; elle vient voir son fils, le duc de Montpensier. L'ancienne reine de France est accueillie avec enthousiasme. Dehodencq assiste aux fêtes. Cette émotion d'une multi-

(1) Cadix, octobre 1853.

tude joyeuse dans l'éclat d'un décor charmant, c'est un épisode de cette vie de la
foule, qui toujours tente sa verve, un tableau
pour lui. Il se met à l'œuvre et prolonge son
séjour à Cadix jusqu'à ce que son esquisse
soit achevée. Il écrit en décembre : « J'ai ter-
miné enfin mon esquisse de l'arrivée de la
reine, très longue à faire par la multitude des
petites figures qui entrent dans la composition.
Cela fera un fort joli tableau : la mer, des bar-
ques, ce quai couvert d'une foule pittoresque,
et la ville si jolie se découpant blanche sur le
ciel bleu. »

A Séville, il est présenté à la reine Marie-
Amélie, qui lui commande deux tableaux. Rien
ne pouvait venir plus à propos. « J'ai deux
« petits tableaux à faire pour la reine Marie-
« Amélie. J'avais un tel besoin d'argent ces
« temps derniers que je me suis vu dans la né-
« cessité de m'adresser à M. de Latour qui m'a
« fait une avance. Ah ! que de fois j'ai désiré ne
« plus me réveiller (1)... Ne te disais-je pas que
« la reine Marie-Amélie m'a commandé deux
« tableaux : l'un, une copie du premier tableau
« que je fis à Séville pour le prince (*Danse des*

(1) Séville, mars 1851.

« *Bohémiens*) et le pendant à mon choix. C'est
« pour emporter en Angleterre et cela doit être
« achevé pour le 1ᵉʳ mai, je travaille avec
« rage (1)... La reine est partie ce matin. Sa
« Majesté, comme souvenir, m'a fait don d'une
« turquoise entourée de huit jolis petits dia-
« mants, le tout monté en épingle : je te la
« garde (2). »

Dehodencq ne songe plus qu'à repartir pour
l'Afrique, où l'appellent ses regrets et ses rêves.
Deux nouvelles commandes du prince lui sont
assurées au retour. « Je pars enfin demain pour
« Tanger, ayant perdu toute une semaine à
« attendre le bateau à vapeur français, qui tous
« les mois fait le trafic de Cadix à Alger, en pas-
« sant par Tanger, et qui, pour cause de cette
« maudite question d'Orient et des transports, a
« suspendu ses voyages. Déjà j'avais pris le
« parti de m'embarquer sur un bateau à voile,
« mais le vent contraire ne me l'a pas permis.
« Aujourd'hui seulement il a changé et je me
« suis décidé... La dernière fois que je vis M. de
« Latour, la veille de mon départ, il me dit que
« le prince me chargeait de faire le tableau de
« l'arrivée de la reine Marie-Amélie à Cadix, et

(1) Avril 1854.
(2) 15 mai 1854.

« un épisode de la vie de Christophe Colomb.
« Tu sais ou ne sais pas que le couvent de la
« Rabida, où Cristophe Colomb fut accueilli,
« hébergé dans un de ses moments de détresse,
« et d'où quelques années plus tard il partait,
« triomphant enfin, à la découverte de son
« Amérique, ce couvent, dis-je, très curieux
« sous tous les rapports, tombe en ruines. Le
« prince y fut dernièrement et son intention
« est sinon de le réparer en entier, du moins
« de faire en sorte que ce qu'il en reste et suf-
« fit à l'admiration, à la vénération du voya-
« geur, ne disparaisse pas complètement. Son
« Altesse désire perpétuer le souvenir de cette
« bonne action par quelque tableau, dont l'exé-
« cution m'est confiée (1). »

Arrivé à Tanger, Dehodencq devient l'hôte du
consul de France et se met au travail avec cette
ardeur tranquille, qu'il retrouve si vite à la
première éclaircie. « Parti de Cadix le 28 juin
« à 5 heures du matin, j'arrivai à Tanger
« le soir, après la plus heureuse des traversées...
« Me voilà installé au consulat ayant toutes les
« facilités possibles pour tirer parti de mon sé-
« jour ici. Deux chambres, l'une où je dors, lis et

(1) Cadix, 26 juin 1854.

« rêve ; l'autre où j'établis mon atelier. Au saut
« du lit, je me mets à travailler jusqu'à midi,
« heure à laquelle on déjeune ; puis je flâne
« par les rues à la recherche de mes types jus-
« qu'à 4 ou 5 heures. Je me remets au travail
« jusqu'à 7 heures et nous dînons. La soirée se
« passe, elle vole au bruit de la musique et des
« conversations. Parfois je dessine ou je lis.
« Pense donc, un vaste salon, des divans mau-
« resques, des fleurs, un piano, d'énormes
« tables couvertes de livres, et par la croisée
« ouverte, la plus admirable vue qui se puisse
« imaginer : au premier plan des maisons
« blanches, ruisselant de soleil, et, se décou-
« pant sur la mer, une ravissante mosquée, çà
« et là des bouquets de figuiers, dans le fond se
« perdant à droite la côte d'Afrique et pour
« couronner le tout, les montagnes bleues de
« l'Espagne et le roc de Gibraltar... Il faut que
« je fasse de sérieuses études de ce peuple que
« j'ai à peine vu dans un premier et trop rapide
« voyage. J'ai donc commencé par mettre en
« train une grande esquisse d'une de ces scènes
« que l'on voit ici à chaque pas. J'y fais entrer
« à peu près tous les éléments qui me serviraient
« à composer une grande scène. Ce seront, je
« l'espère, de bonnes et profondes études, du

« moins n'y épargnerai-je rien. J'ai commencé
« aussi le portrait de mon ami le consul : c'est
« bien le moins que je lui laisse ce petit sou-
« venir (1) .»

Au mois de juin 1855, Dehodencq se décide
enfin, après six ans d'absence, à revenir en
France. Mais, de près comme de loin, il travaille
à se faire oublier. Par excès de délicatesse, il
n'avait pas profité du succès de ses *Bohémiens*.
Sa mère ayant fait quelque démarche en son
nom, sans le prévenir, il s'emporte violemment:
« Je n'aime pas les masques à deux visages, je
n'aime pas les gens fins et qui se ménagent
une porte de sortie. Ceux qui ne me connaissent pas peuvent croire que je t'envoie
mendier des commandes, quand tout m'or-
donne la dignité et la patience : voilà qui me
met hors de moi. Que je souffre de toutes ces
misères et que mon moi me pèse et me fatigue
parfois ! » C'était volontairement s'enfermer
dans une impasse. Le prince n'avait aucun en-
gagement envers lui : tôt ou tard, ils devaient se
séparer. Les morts vont vite ; il faut une singulière imprudence ou un grand courage pour se

(1) Tanger : 15 juillet 1854. Les lettres qui m'ont été re-
mises s'interrompent à cette date. J'ai retrouvé quelques
brouillons dans les papiers du peintre ; mais il m'est
impossible de suivre désormais sa vie d'aussi près.

rayer soi-même du nombre des vivants. On ne ressuscite pas. La vie bruyante, agitée de Paris, dont il avait perdu l'habitude, l'étonnait, l'irritait. Il refusait de faire comme tout le monde. Au lieu de se montrer, de se faire connaître, il se cachait. Dans notre société démocratique, où la patience est une condition de succès, où il faut prendre son rang dans la file, où chacun se résigne à laisser passer les premiers arrivés pour être plus sûr d'entrer à son tour, mais où tous s'entendent pour chasser les intrus, il osait la vie nomade, ignorée. Plus le public grossit, plus il devient la foule, moins il est capable d'indépendance et de jugement. Le talent ne nuit pas peut-être, il ne suffit plus. La réputation est à celui qui a l'art d'être partout, qui chaque jour fait répéter son nom, le fait crier par les rues, dans les gazettes, jusqu'à ce que les plus distraits, à force de l'entendre, le trouvent dans leur souvenir. Il n'allait pas même voir ceux qui l'avaient soutenu sans le connaître, ceux dont il eût dû s'assurer la bienveillance et l'amitié. Tout aux siens, se sentant dépaysé dans ce milieu d'ambitions rivales, il ne songeait qu'à disparaître encore, qu'à s'enfuir vers ces pays où l'on ignore les journaux, les visites, l'Institut et la critique d'art. Il ne se di-

sait pas qu'il reculait en vain, qu'il faudrait
bien revenir un jour, lutter sur ce champ de
bataille, rentrer dans la civilisation, et que plus
il tarderait, plus il aurait chance d'être vaincu.
Au mois de décembre, il repartait troublé, sans
avoir rien fait pour lui-même que rendre inévitable l'avortement de sa vie. « Quelle tristesse !
« quel isolement ! on ne renonce pas impuné-
« ment aux affections, aux joies pour lesquelles
« on est né ! Où ma destinée m'emporte-t-elle
« encore ? Cette soif du pittoresque ne s'étein-
« dra-t-elle donc pas en moi ? Voilà pourtant
« assez de larmes qu'elle me coûte... Allons,
« derniers regrets, dernières larmes, mais non
« dernières souffrances ! Allons jusqu'au bout
« puisque me voilà parti et changeons, s'il se
« peut, tout cette tendresse inassouvie, ce be-
« soin d'affection en une rage de travail qui ne
« me quitte plus, je pars demain 31. Ce n'est
« pas la France que je regrette, j'y ai été
« froissé, j'ai reconnu l'impossibilité d'y vivre
« sans faire des bassesses, mais c'est vous, vous
« que je voudrais emmener avec moi, vous pour
« qui je suis capable de beaucoup souffrir. (1)»

_____

(1) Marseille, décembre 1855.

VII

Ce qui entraînait de nouveau Dehodencq loin des siens, presque malgré lui, par un irrésistible attrait, ce n'était plus seulement la nostalgie du soleil, un mirage d'Orient, « l'orgueilleuse » Séville, la belle Cadix « à l'ancre dans l'Océan » et les blanches maisons de Tanger, aux terrasses verdoyantes, sortant des flots bleus. Une inquiétude, qu'il n'avouait pas, le poussait. Une image dont il avait espéré peut-être voir les contours peu à peu s'effacer, prendre la forme vague d'un lointain souvenir, l'attirait à sa flamme. Avec son fatalisme oriental, volontiers il s'absentait de sa vie, laissait le présent au sentiment qui le dominait et l'avenir à Dieu. Il allait sans bien savoir où conduisait la route, comptant sur son courage, avec je ne sais quel optimisme entêté.

Un jour, dans les dernières années de sa vie, les plus tristes, je l'accompagnais à son atelier. Nous traversions le Luxembourg. C'était un matin d'hiver ; sur le ciel gris et bas les arbres dessinaient leurs squelettes maigres et décharnés. Les pas sonnaient sur la terre dure, et de temps en temps de petites flaques d'eau gelée craquaient sous les pieds avec un bruit de verre brisé. Quelques rares passants marchaient vite dans les allées désertes. On était comme séparé des choses par un brouillard de tristesse. Tout semblait frileusement se rétracter, se ramasser en soi, vivre d'une vie égoïste et solitaire qui mêlait à la sensation du froid humide un sentiment d'abandon. Nous marchions côte à côte sans plus rien dire. Dehodencq, la tête baissée, s'abandonnait à une de ses rêveries qui faisaient passer devant ses yeux les scènes de sa vie décevante. Il s'arrêta tout à coup, se redressa d'un de ces mouvements brusques, qui lui étaient familiers et, les bras levés puis retombant dans un geste découragé, d'une voix sourde : « Quelle mélancolie profonde ! » Et, quelques pas plus loin, immobile, comme se parlant à lui-même « à trente ans une effroyable passion », et il rentra dans son silence.

C'est aux fêtes données à Cadix, en l'honneur

de la reine Marie-Amélie, qu'il avait connu Mlle Calderon. Elle portait un des plus beaux noms de l'Espagne, celui du plus grand de ses poètes. A Cadix, dans l'adorable ville « qui s'élève rayonnante du sein des flots, d'un bleu sombre, » et dans son décor charmant promène sur l'Alameda la démarche indolente des plus belles filles de l'Espagne, elle arrêtait les regards. La nature, sans se contredire, peut ainsi, à travers les générations, passer du génie à la beauté. Elle résumait toute la grâce andalouse: des pieds et des mains d'enfant, les fines attaches qui sont comme la noblesse des corps glorieux; dans l'attitude, toute la nonchalance espagnole; le beau teint mat que fait la vie à l'ombre dans ce pays ardent; un profil pur, le front petit, le nez fin, l'arc de la bouche onduleux, et dans les grands yeux noirs, avec un rayon de soleil, la rêverie paresseuse et vague, comme le bercement et l'infini de la mer souvent contemplée. Pour Dehodencq c'était encore l'Espagne et déjà l'Orient, tout son rêve d'artiste réalisé dans une forme vivante. Certes le drame d'amour dut être poignant dans cette âme violente et tourmentée. On pourra dissiper bien des mystères; tant que la stérilité n'aura pas désséché la plante humaine jusqu'en ses

racines, celui-là demeurera tout entier, poétique, formidable et divin. Comme un regard, un
sourire, une forme entre dans l'imagination et
reste dans le cœur. Rien n'est changé, toutes
choses sont à leur place, le chevalet, l'étude
commencée, le livre ouvert et l'on ne se reconnaît
plus. Pourquoi la vie n'est-elle plus ce qu'elle
était hier ? Pourquoi ce qui n'était rien est-il
devenu tout ? Pourquoi ce qui suffisait à remplir l'âme y laisse-t-il soudain un si grand
vide ? Le présent ne tient plus au passé. Sentiments, affections, soucis, devoirs, tout recule,
s'éloigne, pâlit et s'efface. Une pensée nouvelle,
inattendue, occupe l'âme, s'y installe, en chasse
tout ce qui la contrarie ou la gêne. L'homme
étonné regarde cette étrangère, veut se révol-
ter, et bientôt, convaincu de sa faiblesse, lui
laisse ajouter à l'insolence première la force
irrésistible et la familiarité de l'habitude.

Mlle Calderon s'effrayait de cet amour d'un
étranger pour elle. Elle ne se sentait pas faite
pour la lutte et pour l'effort. La vie agitée des
pays où l'on a froid lui faisait peur. Elle ne voulait pas quitter sa chère Espagne, le patio où
l'on a pour toit le ciel bleu ; les causeries où
les voix chantantes se mêlent au bruissement
de l'eau qui jaillit et des éventails qui agitent

l'air parfumé ; l'équilibre harmonieux des poses
nonchalantes, tout ce qui met dans la vie paresseuse et tranquille la douceur d'une demi-
sieste que traversent des rêves légers. Quelles
tempêtes devaient soulever dans l'âme de Dehodencq, facilement inquiète et soupçonneuse, ces
hésitations et ces effrois !... Deux ans de travail,
de luttes, d'angoisses, de disparitions et de retours, de déchirements intérieurs. L'amour
comprend tous les sentiments humains, il subit
mille métamorphoses, mais sous toutes ses formes, il se ressemble à lui-même, il reste excessif,
extrême ; il prend toutes les forces de l'homme,
il les concentre dans le sentiment qui pour un
instant l'exprime. Pour un son de voix, pour un
sourire, il a des joies ridicules, des joies d'enfant, qui rajeunissent l'homme et renouvellent la
nature ; il a des terreurs et des désespoirs qui font
la vie désolée ; il a toutes les délicatesses, d'ardentes volontés d'héroïsme, de sacrifice jusqu'à
la mort, et soudain des brutalités, des emportements, des soupçons, des colères, toutes les
basses insultes de la jalousie. Et puis, il y a les
intervalles de lucidité, où la folie semble dispa-
rue, où l'on s'étonne, où l'on respire, jusqu'à ce
qu'une circonstance ridicule ou la simple calmie,
mie, par le retour des forces, livre de nouveau

l'âme aux mirages qui tour à tour l'enchantent, l'exaspèrent, la jettent d'illusions en illusions jusqu'à l'épuisement. Ainsi se joue, dans les cœurs en tumulte, la tragédie de Racine, aux alternatives douloureuses.

Mais l'amour est contagieux ; le vertige se gagne, comme la peur, comme tous les sentiments qui suggèrent de vives images. C'est d'abord un étonnement, un vague effroi, que la femme éprouve devant l'enthousiasme qui la divinise. Le sentiment de sa fragilité la met en défiance. Elle ne se reconnaît pas dans l'image qu'on lui présente d'elle-même. Mais on s'habitue vite à la divinité. L'amour a l'étrange éloquence des livres de piété mystique ; des hymnes ardents, des tristesses, des humiliations, des prières, une musique caressante de litanies qui se prolonge et endort la volonté. L'admiration qu'inspirait l'artiste, l'avenir que tout le monde s'accordait à lui prédire, achevèrent de décider Mlle Calderon. Le mariage fut célébré à la fin de l'année 1857. Certes l'imprudence est grande d'associer une femme, les enfants qui vont naître à la noble aventure d'une vie de lutte et de travail désintéressé. Mais s'il est si difficile d'opposer à l'emportement de la passion le devoir, le respect du bonheur et de la vie des autres, qui pourrait, quand toutes les espérances sont permises, renoncer volontairement, par prudence, par peur de l'avenir, par une sorte de lâcheté, à l'amour qui lui brûle le cœur? Sans doute il y a l'art, la gloire, l'œuvre à faire, ce qu'on croyait hier, ce qu'on croira demain peut être suffire à tout; mais ce n'est pas assez de ces fragiles obstacles quand la nature soulève dans l'âme la tempête des forces élémentaires. Et puis, qui n'a pas cru naïvement, de bonne foi, qu'il trouverait tout dans le sourire d'une femme, la force invincible, le succès, la gloire et la fortune? Qui n'a pas cru à cette irrésistible magie de l'amour heureux, qui n'a poussé le cri du Cid et défié le monde dans une heure de jeunesse et d'héroïque folie?

Alors commença pour Dehodencq la vie qu'il devait mener jusqu'à son retour en France, vie comme toujours faite de joies brèves et vives, d'angoisses dont le travail passionné le distrait. Il habitait Cadix, mais la moitié de son temps se passait à Tanger, où seul, loin des siens, il travaillait à rendre, dans leur réalité et dans leur poésie, les drames multiples de la vie marocaine. Quelles joies au retour! mais au départ quelles tristesses! Il adorait ses enfants qui,

petits, tous eurent une beauté de chcf-d'œuvre.
Il les aimait d'une affection plus que paternelle,
avec les sollicitudes et la tendresse jalouse des
mères ; il trouvait pour eux de la patience ; il
aimait à les sentir tout petits, impuissants, à
leur donner encore la vie par ces mille soins
qui semblent exiger la grâce d'état, l'instinct
et la main délicate des femmes. Une pâleur,
un malaise, une heure de retard le jetaient
dans des terreurs qui le rendaient redoutable
à lui-même et aux autres ; son imagination de
peintre lui présentait des scènes désolées de
maladie et de mort avec une intensité qui
l'affolait. Et il fallait trouver le courage de
s'éloigner, de ne plus savoir, d'affronter toutes
les inquiétudes. Il partait, morne, perdu dans
une de ces mélancolies terribles qui lui faisaient
dans l'esprit un vide de mort, comme la solitude d'un cimetière plongé dans la nuit. Vingt-
quatre heures de ce silence fier et douloureux
qui était sa façon de souffrir ! Mais quand soudain, portée sur les flots par la brise, arrivait à
lui cette odeur étrange, qui se dégage des villes
africaines et semble en résumer toute la vie
dans un âcre parfum, l'artiste soudain se
réveillait, son cœur battait et, comme le soleil
à l'horizon, dans son cerveau les images se

levaient rayonnantes. Dès le premier jour, il s'était épris de cette terre marocaine, jusqu'à la fin il en garda les sensations toutes vives. Au moment de revenir en France, il envoie ses adieux à un ami qui l'y appelait une dernière fois : « Il était écrit que je ne foulerais plus « le sol de Tanger. Vous souvenez-vous de « mes longues et persévérantes études sur le « Socco, quand je me flanquais devant mes « Marocains, pour les étudier, ce qui ne lais- « sait pas de les impatienter quelquefois. Tenez, « j'ai encore dans l'oreille le son de la flûte du « charmeur et celui du hautbois ; j'aspire en « rêvant, les narines ouvertes, cette odeur, « parfum pour moi, de vieux foin, de beurre et « de poussière, qui vous saisit, s'imprègne en « vous, au premier pas que vous faites sur la « terre marocaine (1). »

Si Dehodencq aime les Marocains, c'est qu'il les comprend ; une sympathie fraternelle le mêle à leur vie. L'éducation met entre eux un intervalle immense, le climat, des montagnes et des mers, les idées morales et religieuses, toute une civilisation ; la nature les rapproche par les instincts primitifs, permanents et pro-

(1) Lettre à M. de Martine.

8.

fonds, qui donnent sa forme générale au caractère. Dans son élégance fine et dédaigneuse de
Parisien il y avait quelque chose de la dignité
du chef arabe. Dans ses grandes vues sur le
passé, sur l'avenir des sociétés modernes, on
retrouvait un écho de l'éloquence violente, colorée des vieux prophètes qui jonglent avec
les siècles et des mahdis qui entraînent les tribus fanatisées. Dans son abandon au hasard,
dans son attente de l'avenir reparaissait le fatalisme oriental. Ardent et passionné, il mettait
son orgueil à se contenir, à ne rien laisser paraître de la fougue intérieure. Il avait les longs
silences volontaires, les contemplations muet-
tes et, sous le choc de l'émotion, les explosions
soudaines qui se déchargent en paroles brusques, en gestes violents, en mouvements presque convulsifs. « Je me rappellerai longtemps,
conte un voyageur au Maroc (1), le vieil Arabe
de ce matin, un vieux de haute taille et dessé-
ché qui, ayant reçu un démenti d'un autre avec
lequel jusqu'alors il avait discuté pacifiquement,
pâlit, se rejeta en arrière, puis s'élança au milieu du chemin, se couvrant convulsivement le
visage avec les mains, en jetant un hurlement

_____

(1) Edmondo de Amicis.

de rage et de douleur. Jamais je n'ai vu une figure plus terrible et plus belle. » Dehodencq sous sa froideur apparente cachait le tumulte intérieur jusqu'à ce qu'il éclatât malgré lui. Ses lassitudes les plus abîmées étaient tout près de ses plus grands efforts ; il avait une nature nerveuse de cheval arabe, qui retrouve des forces qu'on ne soupçonne pas et meurt dans une dernière battue de galop. Ce monde africain n'était pas moins en accord avec son talent pittoresque. La lumière, la couleur, le mouvement, la sincérité expressive des corps, la passion visible dans le geste et l'attitude, la vie dans la rue, la foule qui résume un peuple dans ses types, tout ce qu'il aimait venait comme au-devant de lui dans les scènes qui se composaient à chaque pas sous ses yeux.

L'orientalisme n'est pas né d'un caprice de peintre nomade, et cherchant du nouveau à tout prix. Il n'est pas une erreur, une conséquence fâcheuse de la conquête de l'Algérie, une fantaisie exotique qui fait partie de la maladie du siècle. Il a son esthétique, c'est-à-dire sa raison d'être dans la sensibilité humaine. Certes il n'est pas besoin d'aller chercher bien loin la poésie : elle est partout où l'on sait la mettre. Mais l'art n'est jamais la réalité, tou-

jours il est le rêve qu'elle devient en traversant
l'âme de l'artiste, l'émotion humaine, la poésie.
Je ne dédaigne rien, un coin de table suffit à
Chardin. Mais l'homme, quoiqu'on puisse dire,
se plaît à sortir des limites étroites de la vie
présente ; il aime ce qui est loin de lui, le
passé, les ruines, la légende, la féerie, le caprice, toutes les évocations d'un monde, où la
fantaisie se joue librement. Voulez-vous comprendre l'orientalisme, prenez Wateau, son
chef-d'œuvre : l'embarquement pour l'île de
Cythère. C'est le rêve charmant de l'amour délicat et sensuel ; le poème des sympathies soudaines, des abandons sans résistance et sans
danger, des rencontres qui font les bonheurs
d'un jour inoubliables. C'est un monde féerique,
où tout se dispose de soi-même pour cet enchantement du caprice amoureux qui le crée :
les guirlandes de roses, le bruissement des
feuillages légers, les bosquets qui offrent leurs
retraites aux couples lassés, le reflet mélancolique du paysage, au soleil couchant, réfléchi
dans les eaux dormantes. Dans ce monde du
rêve on ne connaît ni les regrets, ni les remords, ni les luttes des sentiments contraires,
ni les violences de la passion, ni les réalités
brutales ; les âmes descendent une pente très

douce qui, de la causerie spirituelle et galante, avec des lenteurs de menuet, les mène à l'amour sans déranger les plis des robes de satin aux cassures lumineuses, ni la grâce coquette des attitudes élégantes. De la vie il ne reste que l'amour et de l'amour que le rêve d'un poète soudain épris un soir de bal. L'Orient, c'est comme la nature faisant pour nous un rêve, la fantaisie devenue la réalité même. Dans un décor radieux, une vie qui n'est pas la nôtre, qui nous reporte dans un passé lointain, de la réflexion à l'instinct, qui nous montre l'homme et ses éternelles passions sous des formes imprévues, dont le contraste réveille notre curiosité. Quelle trouvaille pour le peintre, qui a besoin de rester en commerce constant avec la nature et dont le rêve doit garder l'intensité des sensations toutes vives.

Le Maroc n'était-ce pas vraiment pour un coloriste, épris de mouvement, ivre de vie, cette féerie réelle, la fantaisie dans la nature même ? Rien qu'à voir, rien qu'à sentir, qu'à se pénétrer de cette nature, qu'à la mêler à ses émotions, et qu'à faire son métier de peintre. Comme décor, la ville toute blanche, à chaque instant, au détour d'une ruelle étroite la mer, les montagnes mettant leurs ondulations d'un bleu velouté sur le ciel d'azur ; dans ce milieu, les costumes éclatants, les cafetans rouges, orangés, bleus, les burnous blancs, les fez et les turbans, les haïks aux rayures transparentes, l'éclat des armes ; cinq races, Maures, Arabes, Berbères, Nègres du Soudan, Juifs, avec des croisements qui font des visages de tous les tons ; l'orgueil brutal des Maures, la naïveté sauvage des nègres, l'humilité des juifs traqués, une vie inconnue, agitée, bruyante, et tout cela dans une lumière éclatante, dans l'atmosphère chaude du soleil africain. Bien des orientalistes, uniquement préoccupés des costumes, des accessoires, du bric à brac, dédaignent l'homme, ajoutent un genre à la nature morte. Ils font des tableaux, qui donnent l'idée de l'Afrique comme un bazar chinois de l'avenue de l'Opéra donne l'idée de la Chine. Dehodencq comprend autrement ses devoirs d'artiste ; il veut faire pour le Maroc ce qu'il a fait pour l'Espagne, pour les Gitanos, montrer l'homme dans son milieu, dégager le type, ce qui d'une race ne disparaît que quand elle est anéantie.

Il ne prétend pas copier la nature, il ne s'interdit pas le choix qui est l'art même. L'art doit être plus vrai que la réalité, parce qu'il doit être plus éloquent, plus expressif. L'émotion intelligente et exclusive de l'artiste, sans même qu'il y songe, élimine l'insignifiant, ne retient que le détail caractéristique. « Ces sor-« tes de sujets-là, ces tableaux de mœurs, il « faut en faire des types ou n'y pas toucher. « Tant de peintres courent le monde aujour-« d'hui, et de retour dans leur pays vous gâ-« tent la belle nature, vous assomment de leurs « souvenirs maniérés, de leurs peintures fades « et incomplètes, qu'il est de toute nécessité, « quand on a eu l'avantage de voir et d'étu-« dier longtemps ce que d'autres ont sauté à « pieds joints, de ne rien négliger pour laisser « tout cela derrière soi. » Oui, mais peut être risque-t-on d'étonner les bourgeois de Paris, de leur paraître excessif. Un orient de pacotille a plus de chance de succès. Un peu de ciel de Normandie dans le ciel d'Afrique, des Almées des Batignolles et de beaux Turcs de ballet d'opéra ont l'avantage de ne pas dépayser brusquement le Parisien. Dehodencq s'en soucie bien. « Ah ! si ce n'était pas si banal, comme « je m'écrierais : Si je pouvais vous montrer ce « que j'ai là dans la tête ! Oui, ma France « chérie, tu compterais un peintre de plus, et « un peintre consciencieux, au faire large et

« vigoureux, rapportant de ses voyages un peu
« de ce soleil brûlant, de cette poésie qui sort
« de l'objet même, sans prétention, sans inter-
« prétation fausse et maniérée, de la mâle pein-
« ture enfin, et cela ne se voit pas tous les
« jours. »

N'attendez pas de l'Afrique ce qu'on n'en voit
guère que dans les sérails de Paris : le paradis de Mahomet, les étirements ennuyés des
almées dans les harems, une exhibition de
femelles nues, à l'œil morne et stupide, dans
toutes les attitudes de la bête humaine. Il faut vraiment bien de la perspicacité pour deviner ainsi
des femmes, dont on n'a vu qu'un œil. Dehodencq dit ce qu'il voit à chaque pas, sur le
Socco, dans les rues, dans les carrefours de
Tanger ou de Tétuan. C'est toute une épopée ;
dans une suite de scènes caractéristiques tout
un tableau de la civilisation rude et barbare.
Par le décor, par la couleur, par le mouvement
par l'évocation d'un monde si différent du nôtre,
c'est la fantaisie, la féerie ; par l'intensité de la
vie, par le document exact, par le coudoiement
et la lutte des races, saisies dans leur type,
c'est la réalité et c'est l'histoire. Dehodencq ne
nous laisse rien ignorer de la vie marocaine,
la religion, l'art, la justice, les mœurs, la con-

dition des juifs, tout nous est montré dans des scènes, où le dessin, la couleur, toutes les images prennent une valeur expressive.

La Prière à la Mosquée, le Fou, la Fête du mouton, l'Exécution de la juive, autant d'épisodes de la vie religieuse au Maroc. C'est la religion, au sens antique du mot, redoutable, avec son cortège de superstitions, ses accès de fanatisme meurtrier. Le *fou* est saint, inviolable, sacré ; « son esprit s'est envolé à Dieu », c'est la pensée divine qui se révèle dans ses paroles incohérentes. Il promène librement par les rues ses guenilles, que troue çà et là son corps crasseux ; on le rencontre, stupide ou furieux, dans les carrefours, le plus souvent dans les cimetières, perché sur quelque tertre, hurlant et détachant sa nudité de squelette sur le ciel bleu. Les hommes, les femmes, les enfants se pressent, viennent baiser ses loques et sa vermine. Volontiers il crache à la face de l'infidèle ; il a fallu l'intervention diplomatique pour calmer par la bastonnade ces délires souvent artificiels.

La *Fête du mouton* est célèbre à Tanger ; elle rappelle les oracles que lisaient les prêtres antiques dans les entrailles des victimes. On égorge un mouton sur le tombeau d'un saint, en dehors de la ville. On le place en travers

des épaules d'un homme qui prend sa course.
Il doit le porter ainsi jusqu'à une mosquée située en bas de la ville. Lancé à travers les rues
étroites, il va de toute sa vitesse, poursuivi par
la foule sauvage qui crie, hurle, le fouette, lui
jette des pierres. Si le mouton remue encore,
quand il arrive à la mosquée, c'est que la ré-
colte sera bonne, grande joie, cris d'allégresse!
L'homme parfois meurt en route, un autre
prend sa place et si le mouton remue, ce petit
incident est d'assez peu d'importance.

Il n'est pas autrement difficile de faire avaler
à un Maure une bouteille de vin de France ;
mais cela n'empêche pas d'être bon musulman,
de faire chaque jour, tourné vers l'Orient, les
cinq prières canoniques, et loin de nuire au fanatisme le rend plus ardent et plus nécessaire :
il faut bien expier ses péchés. Dans un des derniers voyages qu'il fit à Tanger, vers 1860,
Dehodencq trouva la ville agitée, frémissante.
Comme un homme dans une crise de passion,
une ville a des émotions soudaines qui la par-
tagent, mettent aux prises ses éléments contraires. Une juive, chose inouïe, avait abjuré la
religion de ses pères, pour se soumettre à la loi
du Prophète. Elle avait oublié les persécutions,
les hostilités séculaires, les antipathies profon-

des, tout ce qui devait circuler dans son sang, se soulever en elle à tous les battements de son cœur. Elle était jeune, dans tout l'éclat de cette beauté riche, opulente des juives marocaines, fleurs épanouies, splendides, fleurs matérielles auxquelles ne manque que le parfum délicat et subtil de l'âme. Elle avait aimé un ennemi de sa race et de son Dieu ; pour l'épouser elle avait renié son sang, renié son Dieu. En proie à la folie d'amour, elle avait été droit devant elle jusque dans les bras de celui qu'elle aimait. Elle ne devait pas recueillir le fruit de son parjure. Jéhovah, le dieu jaloux, ne lui laissa pas son bonheur ; d'un coup brusque il lui enleva l'homme à qui elle l'avait sacrifié. Alors, dans la terreur d'un châtiment si prompt, vinrent les regrets, les remords ; dans la solitude, que faisait en son âme l'amour perdu, rentrèrent tous les souvenirs d'autrefois. Elle alla frapper repentante à la porte de la synagogue ; elle y rentra contrite, désespérée, la dernière parmi les fidèles. Une crise de colère secoua les mahométans. Une croyante retourner à Israël ! humilier Mahomet et sa Loi devant ces chiens de juifs, plus vils que des Nazaréens ! Une véritable bataille s'engagea autour de cette âme à conquérir. On emprisonna la relapse, on mit tout en œuvre, menaces et séductions, caresses et violences, pour la ramener à la mosquée. Les juifs, anxieux priaient, redoutant une faiblesse, une défaillance. Jusque sur l'échafaud, en face de la mort, on la pressait, on essayait la tentation suprême de la vie, des richesses, des honneurs. Obstinément elle répondit : « Le Dieu d'Abraham et de Jacob saura bien me venger! » et elle fut décapitée au milieu des imprécations des musulmans, des cris d'enthousiasme et de douleur des juifs.

Dehodencq avait assisté à la tragédie poignante, qui passionnait Tanger, il en avait suivi tous les épisodes jusqu'au dénouement; il avait vu mourir la juive et l'éclair du sabre du bourreau nègre au beau soleil qui mettait la ville en fête. Sans laisser refroidir l'ardeur de l'émotion, encore sous l'obsession des images qu'il avait affrontées, sur une vaste toile il dressa l'échafaud, autour duquel se déroulait ce drame de la vie de la foule, ce drame de deux fanatismes en lutte, qui tentait son audace. Les juifs s'indignaient : « Malheur au Franc impie qui ose toucher à la sainte! » et chaque fois qu'ils passaient devant l'atelier, ils jetaient au peintre quelque malédiction. Cependant le tableau était achevé et Dehodencq commençait à se las-

surer sur les effets de la colère de Jéhovah,
quand, un soir qu'il dînait chez le consul de
France, on vint l'avertir de ne pas rentrer chez
lui. L'atelier s'était écroulé. Sa plus belle toile
marocaine était en pièces au milieu des décom-
bres. Il eut le courage de reprendre ce tableau,
mais toujours il a regretté l'œuvre détruite,
faite de verve, sous le coup de l'émotion qui
l'avait inspirée. Une grande esquisse qu'il re-
prit plus tard nous rend la scène.

L'échafaud est dressé sur une place, devant la
mosquée, dont le minaret rose, sortant des
murs blancs, s'élève dans le ciel d'un bleu profond. La nature radieuse enveloppe cette scène
de meurtre et de colère dans l'indifférence de sa
beauté sereine. Le bourreau nègre, fortement
découplé, est habillé d'une chemise rouge qui
laisse les bras nus et d'une culotte bleue qui
descend jusqu'aux genoux. Dans une belle attitude, qui fait pressentir la détente du mouvement, de la main gauche il soulève la masse
épaisse des cheveux noirs de la juive, de la droite
il tient le sabre lourd, attendant l'ordre de
frapper. La martyre, à genoux, les yeux dilatés,
la face convulsée, la bouche tordue par l'effort
et l'attente douloureuse, reste sourde aux in-
jonctions du musulman qui se penche vers elle

et lui offre la vie. Au pied de l'échafaud, à
gauche, une bagarre de nègres et de Maures,
contenus et pressés entre un grand cavalier
nègre dressant au-dessus de la foule son fusil
long comme une lance et un janissaire noir, en
cafetan rouge, qui, le sabre au clair, les charge
et les repousse. Hommes, enfants, se mêlent,
crient, hurlent, ramassent des pierres, dans un
accès de fureur déchaînée. Faisant face à la
victime, les juifs qui sont venus voir mourir la
sainte, l'encourager par leur présence. Les uns,
la tête baissée, les mains jointes, dans la stupeur
et le désespoir, se détournent pour éviter le
spectacle sacrilège ; quelques-uns semblent
dans l'attente d'un miracle ; les plus exaltés regardent la martyre, la soutiennent de leurs cris,
de leur enthousiasme ; au premier rang, un
vieux juif à tête biblique, quelque rabbin vé-
néré, lève les mains pour la supplier et la bénir.
L'opposition des deux races est saisissante. Le
groupe des musulmans, aux costumes éclatants,
met dans la toile une harmonie violente, comme
les cris de mort qu'ils poussent ; leur fanatisme
est brutal, terrible comme la colère de la bête
qui voit rouge. Les juifs, dans leurs longs vêtements noirs ou de couleur sombre, apaisent la
composition en son centre ; ils sont habitués à

se contenir, à ruser; leur fanatisme est plus
réfléchi, plus humain, patient, timide comme la
haine. L'exécution de cette esquisse est ardente,
le dessin remue, la couleur crie. C'est la foule,
non pas des individus côte à côte, mais la bête
aux mille bras, aux mille têtes, le monstre qui
se fait de l'écrasement des corps pressés, indis-
tincts, qu'agite une passion sauvage.

Ces luttes sanglantes de Mahomet et de
Jéhovah semblent bien loin de nous : notre
fanatisme a moins de couleur. L'art nous reporte aux vieux âges, à la musique primitive,
aux danses vertigineuses, aux rhapsodes errants.
Il n'est pas le rude labeur solitaire, l'effort in-
cessant pour absorber la nature et la rendre en
apparences pénétrées d'une âme originale, unique après mille; il est un simple jeu ou une
sorte d'ivresse qui accompagne le loisir comme
la parure un jour de fête. L'orchestre est simple; trois musiciens, la guitare, le luth et le
tambourin; pas de broderies mélodiques, la répétition continuelle du même motif, que le
ryhtme apaise ou précipite. C'est l'effet des sensations monotones qui exaspèrent celui qui leur
résiste, bercent, endorment, plongent dans
une sorte d'hypnotisme celui qui s'y abandonne;
une rêverie vague et sans pensée; un évanouis-

sement du moi, comme de l'homme qui, couché dans le soleil, regarde la plaine immense ou la mer étendue jusqu'à l'horizon.

Le premier tableau que Dehodencq envoya d'Afrique est précisément *un Concert juif chez le caïd marocain.* Il figura à l'exposition universelle de 1855. « De l'Espagne, qu'il peignait si bien, écrit Théophile Gautier. M. Dehodencq est passé en Afrique. En effet, de Cadix à Tanger, il n'y a pas loin, et il est difficile à un artiste de se refuser cette fantaisie. Nous nous rappelons avec un vif plaisir la *Course de Taureaux* et les *Gitanos dans le chemin creux*, exposés aux derniers salons par M. Dehodencq. Il avait admirablement compris l'Espagne, si ignorée encore, et qui cependant offre au peintre tant de types inédits, de costumes pittoresques et de sites merveilleux ; comme elles dansaient, en revenant de la fête, sur cette route poussiéreuse, bordée de cactus et d'aloès, les fauves gitanas au teint de cigare, aux yeux de braise, à la hanche provocante, en tannant de leur pouce la peau brunie du pandero ! Quel feu, quel entrain, quelle verve dans cette maigreur passionnée, dans cette pâleur ardente ! Le *Concert juif chez le caïd marocain* annonce chez M. Dehodencq une étonnante aptitude ethnographique, un sentiment profond des races : cette qualité, que développent les voyages, aujourd'hui si faciles avec un peu de loisir et d'argent, était autrefois parfaitement inconnue. Les artistes se contentaient d'un type de convention, et donnaient le même caractère aux Grecs, aux Turcs, aux Espagnols, aux Arabes, aux Allemands, aux Hollandais, celui du modèle à 4 francs la séance, qu'ils avaient sous les yeux. M. Dehodencq est tout de suite entré dans l'intimité africaine ; voilà bien la cour aux murailles crépies à la chaux, espèce de puits éclatant de blancheur que plafonne un carré d'azur inaltérable, et au fond duquel, dans une ombre d'une transparence bleuâtre, se tiennent accroupis sur des nattes ou sur des tapis les bienheureux hôtes de ces mystérieux logis sans fenêtres au dehors! Le concert glapit, grince et miaule, frappant le rythme sur le tarabouck, agaçant de ses griffes les nerfs des guitares, et là-haut, sur la terrasse couleur de craie, les femmes, spectres blancs, applaudissent en faisant chevroter dans leur main ce long cri plaintif qui surprend surtout les étrangers, et équivaut aux manifestations du dilettantisme après une cavatine d'Alboni. Les têtes des musiciens juifs sont d'une vérité surprenante; leurs attitudes si naturelles ont dû être prises sur le vif, — *ad vivum* — tant ils manient leurs instruments barbares avec des mouvements justes. La couleur est claire, chaude, solide et transparente à la fois, et donne étonnamment l'impression du climat ; nous ne pouvons qu'engager M. Dehodencq à poursuivre le cours de ses pérégrinations. »

Après la musique de chambre qui, par sa monotonie, éteint la pensée et perd le regard dans une vague contemplation d'oriental, voici la danse. C'est encore l'ivresse, mais l'ivresse du mouvement qui fait tourbillonner les idées à force de secouer les corps et d'agiter le sang dans les cerveaux. Comme ils dansent, les bons nègres, sous le grand ciel bleu, sans souci du soleil ni des grâces ! De la petite place, entre les maisons, on aperçoit au loin la baie de Tanger. Les chemises blanches, serrées à la taille par un gros cordon vert, les larges turbans blancs qui couronnent les têtes, donnent un éclat bizarre à tout ce qu'on voit de ces corps d'un noir luisant d'ébène. Leur rire béat de bête inconsciente sabre leurs faces noires de la blancheur éclatante de leurs dents. Ils frappent à grands coups le tambourin d'un morceau de bois recourbé en croissant ; ils sautent, bondissent, se tordent et grimacent, ils font mille contorsions, ils tournent jusqu'au vertige. On entend les cris sortir de leurs grosses lèvres tombantes. C'est le délire, la frénésie du mouvement, la joie étrange d'une ivresse qui fait perdre la conscience, entraîne toutes les images, la rue, la mosquée, les spectateurs, le ciel et la terre, dans le tourbillonnement de la danse furieuse. Sur les terrasses, sur le pas des portes, à toutes les ouvertures étroites des maisons sans fenêtres, des têtes penchées regardent. A droite un groupe d'enfants arabes, un bouquet d'une harmonie diaprée, réjouit l'œil et le repose. Derrière les enfants, un vendeur d'oranges et de pastèques, qui mettent dans ce coin leur note dorée, assis à l'ombre, fume lentement et contemple, immobile, sans un pli de visage, sans le frémissement d'un muscle, cette tempête de mouvements déchaînés.

Le conteur, c'est mieux que l'hypnotisme musical, que l'ivresse de la danse des nègres, c'est déjà la poésie, la sympathie, le besoin de sortir de soi. Dehodencq, à plusieurs reprises, est revenu à la scène du conteur et toujours avec succès (1). Son premier conteur fut peint

(1) Le premier tableau date de 1858. Le second doit être de 1866 à 1870. Le troisième a été exposé au Salon de 1879. La composition diffère dans les trois tableaux.

pour le père du roi de Portugal actuel. Le prince
était venu à Tanger en 1858, il avait été visiter
l'atelier de l'artiste, ne lui avait pas ménagé les
compliments, et lui avait commandé deux tableaux, en le priant de les apporter lui-même à
Lisbonne. Dehodencq, facile à l'espérance, déjà
voyait une cour, un roi, des grandes dames, des
portraits, des commandes. Les deux tableaux
achevés, le *Conteur* et la *Fête juive à Tétuan*, il
s'embarque, il arrive à Lisbonne. Il en fut pour
ses frais de voyage. Au lieu de tout ce qu'il
attendait, il trouva l'âpre marchandage d'un
petit prince allemand, ménager de ses finances,
et qui concilie le rôle de Mécène avec une sage
économie. Ce prince n'était-il pas le même duc
de Saxe Cobourg, dont parle Th. Gautier, dans
son voyage de 1840, et « à qui les journaux sa-
tiriques de Madrid reprochaient de débattre
trop vivement ses comptes de dépenses dans les
auberges. »

Nous avons du *Conteur* une esquisse charmante qui nous permet de juger non seulement
le tableau, mais encore la manière du peintre à
cette époque. Le soir tombe ; le bleu implacable
du ciel de Tanger s'est adouci, allégé ; l'œil en
pénètre les transparences. Les montagnes,
comme un nuage d'un bleu plus sombre, dessi-

nent sur le ciel plus pâle leurs ondulations
calmes. Un rayon oblique illumine une face du
minaret aux mosaïques roses et vertes, fait res-
plendir un mur blanc, et çà et là vient se jouer
sur un turban, sur un burnous, sur un cafetan
orangé, rouge, bleu, sur un visage noir ou
bronzé. Des arbres sortent d'une terrasse, mettant la gaîté de leur verdure au-dessus de la
foule bigarrée. Le *Conteur* s'est arrêté dans un
carrefour. La foule s'est rangée autour de lui :
des Arabes, des Maures, des nègres, au premier
rang les enfants. Ils se sont groupés sous l'arcade, que ménage l'avancée d'une terrasse soutenue par deux piliers ; ils ont envahi la place,
ils sont assis, pressés sur plusieurs rangs.
Derrière le conteur, d'autres, debout, prêtent
l'oreille. Une caravane de chameaux, lourdement
chargés, s'avance ; au fond, on aperçoit les
échoppes, les auvents de bois qui sont les bou-
tiques de Tanger. Çà et là, adossés aux murs,
quelques Arabes, enveloppés dans leurs burnous,
qui n'ont pas daigné rompre leur étrange rêve
d'immobilité orientale. Le conteur porte une
chemise blanche qui laisse nus ses jambes et ses
bras tannés; de ses épaules tombe un haïk ver-
dâtre strié de rayures brunes. Il est de profil,
sa tête expressive est dressée, ses yeux regar-

dent un objet imaginaire que sa main levée dé-
signe. Il conte le voyage au désert, le drame de
la soif, une histoire d'amour, les grands combats des ancêtres. Le conteur est un mime, il
peint son récit avec son corps, il a les gestes qui
dessinent un paysage, les attitudes de tous les
sentiments humains, les mouvements de toutes
les péripéties d'un drame. Comme son auditoire
attentif, respirant à peine, l'écoute ! Le crâne
rasé, avec une seule mèche longue et tressée,
les enfants arabes, dans toutes les postures de
l'attention, écarquillent leurs grands beaux
yeux noirs. Dehodencq peint les enfants avec son
amour paternel ; partout où ils paraissent dans
ses tableaux, c'est un coin de fête. Ce n'est pas
un trait de caractère indifférent chez ce violent
que cet amour pour les petits, qui lui met au
cœur une tendresse de femme. Les bons nègres,
la bouche ouverte, avec leur air de béatitude
enfantine, coupent, de la ligne de leurs dents
blanches, leurs faces noires. Les Arabes ont
l'attention plus calme et plus fière. Un vendeur
d'eau, son outre suspendue par une courroie,
s'approche ; un janissaire, au long fez rouge,
au burnous blanc, retroussé par le sabre dont il
serre la poignée, se détache du groupe et va
vers la caravane ; on le voit marcher. Le dessin

est serré, d'une précision qui marque chaque race de son trait caractéristique. La peinture est baignée dans une atmosphère dorée, qui en harmonise tous les tons. De la scène se dégage une impression de nature, de vérité, qui fait entrer dans l'intimité de la vie marocaine.

Le gouvernement est simple comme l'art, primitif comme la religion. Le sultan, chef spirituel et temporel, chef suprême, représentant de Dieu, possède en propre tous les biens et la vie même de ses sujets. C'est son droit strict de cueillir leurs têtes; c'est par un effet de sa générosité qu'ils vivent. Au moins faut-il qu'ils paient ce bienfait. Le sultan demande de l'argent aux pachas, les pachas aux caïds, les caïds aux notables, auxquels on laisse l'alternative de périr sous le bâton. Mais le pacha est un petit sultan, le caïd un petit pacha : la somme grossit par les exactions de ceux qui la prélèvent. Il est vrai qu'il y a des retours de fortune consolants. Quand le pacha s'est enrichi, le sultan, bon logicien, se dit qu'il a dans la caisse de son fidèle serviteur des impôts tout prélevés. Il envoie un détachement de la garde noire; on jette le pacha au travers d'une mule, on le sangle, on l'apporte comme un paquet à Fez ou à Maroc. Là, le sultan venge ses sujets en offrant à son

serviteur une tasse de café mal préparée ou des
tortures variées qui lui arrachent l'aveu de l'endroit où il a enfoui ses trésors.

La loi n'a rien « de la raison sans passion »
d'Aristote. On amène le délinquant, la cause est
examinée sans phrases, la sentence est rendue,
exécutée sur-le-champ. Pas de code, de juris-
prudence, de magistrats, ni d'avocats. Sous une
sorte de portique (*la Justice du pacha*), auquel
on accède par quelques marches, le pacha est
accroupi, dédaigneux, dans une attitude de
fauve au repos, avec un air d'indifférence implacable et d'ennui. Debout sur les marches, l'interprète, le bras tendu vers les plaignants,
expose l'affaire. Le coupable, un vieux juif, à
mine louche, renversé, traîné à terre par un
janissaire robuste et brutal, pousse des hurle-
ments d'effroi. Toute une famille de juifs, à
genoux, suppliante, demande justice. Au premier rang, une jeune femme, contre laquelle se
presse un enfant ; derrière, une vieille, l'aïeule
sans doute, crie, se lamente ; à droite, debout,
l'air inquiet, le vieux regarde l'endroit par où
l'on s'en va, d'un regard oblique de chien qui a
l'habitude d'être battu. C'est à genoux qu'on
implore la justice, on l'obtient comme la pitié
avec des pleurs et des gémissements, justice

redoutable qui se détend brusquement comme la colère et frappe avec la brutalité de la vengeance.

Après l'audience, Dehodencq nous montre le châtiment : *la Bastonnade,* l'homme étendu, le torse nu, la face contre terre, et le bourreau frappant à tour de bras. Voyez encore le *Supplice des voleurs.* Dans un préau de prison, deux voleurs, deux juifs, les vêtements rabattus pour découvrir le torse, les mains liées derrière le dos, ont été hissés sur deux petits ânes. Chacun a ses gardes du corps, quelques janissaires maures ou nègres, à mine farouche, armés de nerfs de bœufs. On va promener les voleurs par les rues de la ville, sous une pluie de coups, pour l'édification des passants et la plus grande joie des gamins. Les suppliciés ramassent leurs grands corps, courbent l'échine, avec cette contraction de l'homme qui se fait petit pour présenter moins de surface aux coups. Le premier âne près de la porte de sortie refuse d'avancer. Un janissaire le pousse en l'empoignant par la queue. Dans le second groupe, un nègre, le corps en action, bâtonne le juif, dont le dos est déjà strié de meurtrissures sanguinolentes, tandis qu'un janissaire, en cafetan rouge, son burnous bleu sombre rejeté sur l'épaule pour dégager le bras, respire un moment. Dans l'ombre, à gauche, des soldats sont assis ; un grand nègre, debout, appuyé contre la porte intérieure, regarde et sourit de son sourire de bête au spectacle. Les juifs, à la laideur vile, n'ont l'air ni indigné, ni surpris, ils attendent l'inévitable. Les exécuteurs ont dans le geste et l'attitude une brutalité si sauvage, leur visage exprime une telle indifférence, tout leur corps un tel entrain de violence, qu'on est épouvanté. Le dessin est d'un accent vigoureux comme les coups retentissants sur les torses nus, la couleur éclatante et sombre. Le grand mur du préau fait une ombre sur laquelle la scène s'enlève fortement, et les cafetans rouges ont la couleur tragique du sang.

Rien ne donne mieux l'idée de l'art avec lequel Dehodencq saisit et fixe les traits caractéristiques d'une race, que ses révélations sur la vie juive au Maroc. Étrange condition que celle de ce peuple persécuté qui traverse, sans renoncer à lui-même et sans mourir, les milieux les plus hostiles ! Quel est donc le secret de sa force et de sa durée? Au Maroc, les juifs sont haïs, traqués, exposés à toutes les injures, soumis à toutes les vexations. Ils vivent dans un quartier, fermé chaque soir, qu'on appelle le

Mellah, la terre maudite. Si un musulman les frappe, ils s'enfuient : se défendre serait un crime puni de mort. Ils sont condamnés à ne porter que des vêtements de couleur sombre, symbole de mort et de malédiction. Le cheval leur est interdit ; c'est un animal trop noble, ils le souilleraient. Devant les mosquées, les sanctuaires, les saints, les marabouts. à chaque instant ils doivent ôter leurs chaussures, les porter à la main humblement. Ils vivent pourtant, tolérés comme des animaux utiles ; travailleurs patients, toujours menacés, toujours pillés ; avec un art merveilleux de se dissimuler. Dans la *Justice du Pacha*, dans l'*Exécution*, dans le *Supplice des voleurs*, partout où il y a des coups à recevoir, des humiliations à subir, nous retrouvons le juif humble, résigné, sur la face, avec les traits si marqués de la race, la même expression d'inquiétude et de servilité.

Voyez la *Fête juive à Tétuan*. En souvenir de quelque service rendu, les juifs ont, un jour de l'année, le droit de parcourir la ville en procession solennelle. Ils sortent de leur quartier, dont on aperçoit la porte en arcade qu'on referme le soir. Ils s'avancent en masse serrée, avec des bannières bleues, rouges, jaunes, qui mettent dans la gaîté du jour leurs notes joyeuses. Deux musiciens les précèdent, l'un fait grincer un petit violon vert sous l'archet rouge qui se recourbe en arc, l'autre, un vieux à barbe blanche, un juif du type le plus pur, le nez crochu, la barbiche en pointe, pince les cordes de la guitare. A gauche une volée d'enfants arabes insultent les juifs : un grand nègre en burnous blanc les chasse à coups de bâtons, qu'il lance à tour de bras, pour se soulager de la colère de protéger ces chiens d'hérétiques. Les enfants se sauvent à toutes jambes, en criant, riant; ils vont attendre plus loin une occasion meilleure. A droite, un janissaire en cafetan rouge, armé d'un bâton, contient les Arabes et les Maures. Un soldat à cheval, son long fusil droit à la main, regarde. C'est comme le symbole de la condition des juifs au Maroc : ils traversent la vie au milieu des huées, avec la vengeance obscure des tours bien joués, des ruses savantes. « A Tanger, raconte un voyageur (1), je passais devant la grande mosquée, et un juif s'avançait, le dos courbé, l'œil inquiet, la démarche furtive. La rue était déserte, aucun musulman ne paraissait. Le pauvre diable rampait le long de la muraille : il garda sa

(1). Narcisse Cotte — *Le Maroc contemporain*, 1863.

chaussure. Il avait franchi l'espace consacré, quand d'une masure en ruines fond sur lui, comme un aigle, un petit bédouin à l'œil flamboyant. C'était un enfant de six ans à peine. Avec une incroyable furie, il saute à la gorge du juif, se cramponne à sa barbe et le ramène sur ses pas. Puis, lui arrachant ses babouches, il le pousse en lui frappant la tête et le visage, jusqu'à ce que le trajet fût de nouveau accompli. Le jeune drôle écumait, je lui saisis le bras, pendant que le juif enfilait une ruelle tortueuse. Il me regarda en grinçant des dents et me dit : « Que Dieu maudisse ton père et le ventre de ta mère. »

Mais pour expliquer la vitalité de la race juive, la fidélité glorieuse à la foi des ancêtres, ce ne serait pas assez de l'humilité, de la platitude, qui désarme la colère et la haine en faisant de la violence une lâcheté ; il faut quelque principe de noblesse et de grandeur. Je vois dans les tableaux de Dehodencq le juif courbé, humilié, bousculé ; je le vois se glisser, passer d'un pas léger, l'œil oblique, inquiet, avec le souci de ne pas attirer l'attention. Mais ce qui me frappe aussi, c'est le contraste de dignité, c'est la souplesse de cette échine qui si vite se redresse, et de ce corps courbé fait un homme.

Avec quelle facilité la noblesse de race repa-
raît! Dès que le juif est protégé, dès qu'il est à
l'abri, chez lui, dans sa maison, parmi les
siens, je retrouve l'orgueil du peuple qui a
conscience de son élection. Voyez *les Noces, les
Fêtes juives*, l'importance de *l'Interprète*. Ce
qui me frappe dans ces tableaux ce n'est pas
seulement la richesse, le faste de l'Orient, les
robes de drap rouge brodées d'or, les diadèmes,
les tiares, les colliers de perles ; c'est une sorte
de noblesse, c'est l'orgueil qui s'exprime, un peu
grossièrement peut-être, par la splendeur des
costumes et des parures, mais aussi par la fierté
des attitudes, par une dignité un peu empha-
tique, qui rappelle le style biblique et la grande
allure des patriarches.

On a reproché à Dehodencq d'avoir osé
peindre la vie marocaine après Delacroix. Théophile Gautier écrit, et j'en ai honte pour lui :
« Le Maroc appartient à Delacroix, qui l'a découvert et qui l'a conquis : c'est son pachalick
pittoresque. » Singulière manière de conquérir
un pays que de le traverser sans y revenir
jamais! Est-ce que les Nomades conquièrent le
désert? Et puis voilà qui nous mènerait loin !
A qui la forêt de Fontainebleau ? à qui la Normandie ? à qui les pèlerins d'Emmaüs ? A Titien,

à Veronèse, à Rembrandt? Qui Delacroix a-t-il volé, lui, le dernier venu, quand il a osé parler après ces maîtres et tant d'autres? comme si en art le monde existait! comme si la nature n'avait pas autant d'exemplaires qu'il y a d'âmes d'artistes! Delacroix a pris du Maroc ce qui convenait à son rêve, la couleur, la lumière, le mouvement, l'éclat. Il n'a pas été jusqu'à l'âme des hommes, regardez-les au visage; il n'a pas eu le temps de discerner les races, d'arrêter dans son imagination les types en caractères ineffaçables. Lui-même ne l'ignorait pas : « Tout ce que je pourrai faire ne sera que bien peu de chose en comparaison de ce qu'il y a à faire ici; quelquefois les bras me tombent et je suis certain de n'en rapporter qu'une ombre.... Je suis sûr que la quantité assez notable de renseignements que je rapporterai d'ici ne me servira que médiocrement. Loin du pays, où je les trouve, ce sera comme des arbres arrachés de leur sol natal; mon esprit oubliera ces impressions et je dédaignerai de rendre imparfaitement et froidement le sublime vivant et frappant qui court ici dans les rues et qui vous assassine de la réalité (1). » Delacroix a vu

(1) P. Buary : *Maîtres et petits maîtres*, p. 60 et 62.

cette nature africaine, comme un spectacle, d'un peu loin, d'ensemble les hommes et les choses, comme on voit un ballet d'opéra, par grandes masses. Et il a rapporté un rêve d'Orient. Plus encore peut-être qu'un violent et un passionné, Delacroix orientaliste est un enchanteur, un charmeur. Il agite le ciel et la terre, il remue violemment les hommes, mais il enveloppe tout ce mouvement dans des harmonies voluptueuses, dont on jouit rien qu'avec les yeux, comme d'un merveilleux écrin de pierreries, sensuellement. C'est la féerie de l'Orient, un éblouissement de costumes; des ciels surnaturels, des ciels moirés, qui ont des douceurs chaudes et caressantes; des turbans, des armes qui étincellent; de fantastiques combats de lions et de panthères. C'est un poème lyrique, dans une langue savante, pleine d'antithèses, de couleurs contrastées qui s'exaltent sur des fonds d'une suavité délicieuse.

Certes Dehodencq a plus d'un trait commun avec Delacroix : tous deux ont reconnu dans la nature orientale une âme en harmonie avec la leur, des correspondances qui l'accordent à leur talent. Mais Delacroix sort de la civilisation brusquement, entre dans le Maroc comme dans un rêve qui se dissipe pour jamais au réveil.

Dehodencq se prépare à l'Afrique par un long séjour en Espagne. Il ne passe pas au Maroc, il s'y fixe ; il y a ses amitiés, ses habitudes. Le Maroc, pour lui, c'est la réalité même, ce qu'il a vu chaque jour pendant des mois, des années. Il a regardé les hommes au visage ; il distingue les races qui se croisent ; il a vu cent fois les fêtes, les concerts, les conteurs, les danses, tous les épisodes sans cesse renouvelés de la vie marocaine. Aussi le pinceau à la main, il ne se contente pas de nous suggérer une vision d'Orient, le rêve aux contours indécis d'une vie plus ardente dans un décor plus étincelant ; de la foule qui s'agite sous ses yeux il dégage les types, qu'il montre agissants dans des scènes caractéristiques. La poésie naît de la sincérité de l'observation ; elle est l'émotion de l'artiste en présence d'une nature qu'il aime et qu'il possède. Du même coup le style se modifie. Le dessin a des accents plus précis, marque le type d'un trait net, irrécusable. La couleur est moins féerique, plus réelle, plus âpre, plus subordonnée au drame et au sentiment.

Nous savons maintenant ce qu'il faut penser du romantisme de Dehodencq. Est-il *le « dernier* des romantiques? »* comme on le lui disait durement un jour. Cette épithète avait le don

d'irriter le peintre : « J'écris ce petit mot pour
« le cas où je n'aurais pas la chance de vous
« trouver. Déjà l'an dernier, j'aurais voulu vous
« faire part de certaine impression pénible,
« restée dans mon esprit, après la lecture de
« votre bel article sur moi, et cela malgré les
« choses si flatteuses, qui m'avaient ému. J'ai
« bien regretté alors ce contre temps, mais
« plus encore aujourd'hui que de lâches et
« sottes attaques vont se produisant autour de
« moi, contre lesquelles je ne puis ni ne crois
« devoir protester. Après tant d'années passées
« loin de la France et de mes amis, d'études et
« d'observations, de loisirs et de passion au
« milieu de ces foules, et d'épreuves aussi, j'es-
« pérais qu'il se dégagerait de là tout au moins
« une personnalité d'une certaine puissance et
« qui ne se pût nier. Le romantisme, cher mon-
« sieur, pour lequel j'ai la plus grande véné-
« ration (c'est mon père), n'entre pour rien
« dans la composition de ces toiles. C'est
« un hymne au soleil, que je ne cesserai de
« chanter, c'est l'ivresse du mouvement et de
« la vie, puisée aux vraies sources. Je suis là
« sur mon propre terrain, observateur aussi
« exact que dans ma *Charlotte Corday*, mes
« *Mobiles*, ou le portrait de mon noble ami.

« (Th. de Banville). Peut-être me ferai-je ainsi
« grand tort dans votre esprit, mais je devais
« à la vérité et à ma gloire aussi — passez-moi
« le mot en riant quelque peu — d'être assez osé
« que de me plaindre au reçu des éloges...»(1)

Avant tout il faudrait peut-être s'entendre sur
le sens du mot *romantisme*. Autrefois le romantisme c'était la lutte contre l'école de David, le
mépris des traditions et des conventions, le
retour à la vie, la jeunesse et l'enthousiasme,
un monde de promesses et de nouveautés. Aujourd'hui le romantisme c'est ce qui a été, ce
qui n'est plus, ce dont on est las depuis longtemps, une tradition! Plus précisément dans la
pensée de ceux qui le condamnent, le romantisme
en peinture, c'est le lyrisme, une poésie personnelle, subjective, substituée à l'étude directe de
la nature ; c'est l'enthousiasme de l'artiste, sa
passion, son emportement, trop mêlés aux
choses, en altérant les formes et les couleurs ;
c'est le peintre parlant trop de lui, ne cherchant
pas son émotion dans les choses, mais faisant
sortir les choses de son émotion. En ce sens
Dehodencq est-il romantique ? Il a raison quand

(1) Je ne sais à qui est adressée cette lettre dont je n'ai
que le brouillon inachevé. Elle a dû être écrite dans les
deux ou trois dernières années de la vie de Dehodencq.

il écrit : le romantisme est mon père. Ce qui le
conduit en Espagne et d'Espagne l'attire en
Afrique, c'est ce besoin de sensations nouvelles,
cette inquiétude de l'inconnu, cette soif de couleur, de mouvement, qui emporte les grands
romantiques dans le passé, dans le moyen âge,
dans les siècles, dans les pays, qu'ils ignorent
et qu'ils rêvent. Mais au lieu de s'en tenir à
cette vision tout intérieure, il part pour l'Espagne, il s'y fixe ; au lieu de peindre d'après
des images de seconde main des scènes d'une
fantaisie toute lyrique, qui ne sont d'aucun
pays, d'aucun temps, il peint ce qu'il voit, des
hommes vivants dans des paysages réels. Son
rêve se confond avec la nature chaude et colorée
qu'il aime ; il trouve partout autour de lui des
sensations en accord avec ses sentiments et,
pour exprimer ce qu'il a dans le cœur, il n'a
qu'à dire ce qu'il a sous les yeux. Par cela seul
qu'il se met en présence des choses, qu'il les
étudie consciencieusement, qu'il ne cherche
d'autre poésie que cette poésie involontaire, que
dégage l'émotion de l'artiste présente à son
œuvre, il n'est plus romantique. Son *Combat de
Taureaux*, ses *Bohémiens*, c'est du naturalisme,
dans le meilleur sens de ce mot : l'effort pour
rendre une impression sincère et vive en face

de la nature. Il en est de même des tableaux, dans lesquels il représente les scènes de la vie marocaine. Mais ici il faut distinguer. D'abord, il est à Tanger, il peint ce qu'il voit, il n'a qu'à monter au Socco pour regarder vivre ses modèles. Les deux esquisses des tableaux peints pour le roi de Portugal nous donnent l'idée de cette première manièr   La peinture est transparente, dans une at.'osphère dorée; le dessin très précis : c'est l'histoire. De retour à Paris, Dehodencq, en pleine possession de son talent, peint sur des souvenirs récents; la peinture a plus de liberté peut-être et plus d'ampleur; c'est l'épopée. Voyez le *Supplice des voleurs*. Enfin la vie de plus en plus devient cruelle; le courage du peintre ne se lasse pas; mais les nerfs le dominent; il s'irrite; il s'exaspère; ajoutez qu'il peint sur des souvenirs qui de plus en plus s'éloignent. Sans qu'il le soupçonne, quand il s'enfuit dans son rêve d'Orient, c'est son sentiment personnel, c'est son agitation, ses frémissements intérieurs, qui surtout se marquent dans la turbulence de la couleur et du geste. Par cela même que sa personnalité l'emporte, que la nature n'est plus là pour le contenir, dans ses dernières peintures marocaines il revient au romantisme, dont un des premiers il s'était affranchi.   10.

VIII

Dehodencq s'attardait à cette vie de travail et d'émotions, qui le promenait de Cadix à Tanger. Toujours il songeait au retour, et toujours quelque circonstance imprévue retardait son départ : un embarras d'argent, la naissance d'un enfant, la nécessité d'épargner la mère, qu'effrayait l'exil dans un monde inconnu, le renoncement à la famille, à la patrie, à la douce fête de la vie espagnole. Au lieu d'être en France, à son rang, il luttait en détail contre des difficultés toujours renaissantes, toujours les mêmes. Il laissait indéfiniment se prolonger cet intermède, qui brisait l'unité de sa vie. Il croyait faire assez pour lui-même en traversant toutes les crises d'une existence agitée, le pinceau à la main, dans la dévotion à son art. Il allait ainsi devant lui, suivant une route, dont, tôt ou tard, il devait se détourner brusquement, parce qu'elle ne conduisait nulle part.

Sans faire tomber les obstacles, qui s'opposaient à son départ, une surprise douloureuse vint l'avertir du danger de se laisser oublier. Il avait achevé à Tanger une grande toile : *la Plage*. Il comptait sur cette œuvre puissante pour réveiller le souvenir du peintre de l'Espagne et des Bohémiens. Il envoya son tableau à Paris, pria M. Cogniet de l'aller voir, d'en donner son avis. Cogniet fut étonné, mécontent, dépaysé. Ce fut un coup pour Dehodencq. « Il y « a dans la vie des jours affreux, où tout s'écroule, « où la confiance et l'espoir tout à coup s'éva- « nouissent. Dans cette disposition d'esprit, « qu'avec un peu d'expérience on sait ne pou- « voir durer, car à la longue elle tuerait son « homme, la seule bonne chose est le travail. « C'est à cet unique remède que je viens d'avoir « recours... Des mois d'un travail acharné, une « lutte continuelle avec la nature, pas un trait, « pas un coup de pinceau (entendez-vous) qui « n'ait été une observation ! Un travail d'Her- « cule pour arriver à ce résultat : «les pieds ne « sont pas assez faits; tel groupe manque d'air; « il se perd, qu'il revienne ! » Ah c'est trop fort !

« Puisque l'occasion s'en présente, que je vous
« dise ce que j'ai sur le cœur. Et d'abord je
« vous remercie de la confiance que vous avez
« en moi, en portant ce jugement : je sais
« qu'Alfred ne sacrifie jamais la vérité à de
« vaines fantaisies, plus ou moins poétiques.
« Ce qui revient à dire : je m'en rapporte à
« lui. Et vous avez raison. Et je soutiens moi,
« que cette mer est vraie. Ce serait curieux
« qu'assez bien doué du côté de l'observation,
« j'aie passé des années en vain en regard de
« la mer : je vis dans des ports de mer; mes
« fenêtres donnent sur la mer; il est impos-
« sible de monter sur une terrasse ici sans
« voir la mer. Cette plage que j'ai peinte est le
« but de mes promenades ; de là, je vois l'Espa-
« gne ; il n'est pas au monde de spectacle plus
« intéressant, plus attachant pour moi. Or, dans
« une de mes promenades je m'attachai par-
« ticulièrement à un groupe d'enfants jouant,
« courant sur la plage à la marée montante.
« Chaque fois qu'une grosse lame dorée des
« derniers rayons de soleil s'avançait gron-
« dante, ils fuyaient, et c'étaient des cris, des
« gestes charmants. Ce jour-là j'en fus frappé
« jusqu'au ravissement. Il faisait une mer de
« Levante, vent d'Est très fréquent dans ces

« parages. Je rentrai subitement et j'en fis un
« pastel. Depuis, m'arrachant à mon travail,
« j'ai couru cent fois à la plage, et cent fois
« j'ai vu se répéter le même effet. Toujours cou-
« rant, je revenais à mon atelier profiter des
« dernières minutes du jour, et là, dans d'amères
« méditations, je comparais tristement la copie
« à l'original. Ah! que je n'aie pas su rendre
« toute la poésie d'une pareille heure; que j'aie
« été inhabile à peindre un effet tout nouveau
« en peinture, je suis de cet avis, c'est folie de
« vouloir lutter avec la nature. Le manque d'air
« et la confusion de ce groupe de droite, je
« l'explique ainsi : c'est l'heure à peu près où
« tous les chats sont gris; ne pas oublier que
« la scène entière est baignée d'une vapeur,
« d'un je ne sais quoi, qui ne laisse pas à l'es-
« prit préoccupé de l'ensemble le loisir de pen-
« ser aux détails. Quant aux pieds qui ne sont
« pas assez faits, je ne sais en vérité que ré-
« pondre. Le jugement de M. Cogniet, si défa-
« vorable pour moi, est poussé jusqu'à l'injus-
« tice. Ma mère, hasardant une observation
« lui dit : « Mais je trouvais les têtes si bien! »
« — « Oui, vraiment, vous avez raison, elles
« sont fort bien. » Joignez à cela qu'il est con-
« venu de prime abord que le groupe des enfants

« est bien composé, que le ciel est fort beau.
« Eh que diable, n'en voilà-t-il pas assez? Où
« sont-ils donc les tableaux complets. Qu'est-ce
« qui lui déplaît donc tant là-dedans?Après avoir
« beaucoup cherché, je crois le deviner. C'est
« un je ne sais quoi, une impression de la nature
« qui, n'ayant jamais été sienne, lui est anti-
« pathique. Mais dois-je donc chercher à réaliser
« son idéal ou le mien? Sommes-nous par hasard
« le même individu? Voilà, mon cher ami, ce que
« j'avais sur le cœur, gardez cela pour vous, je
« ne voudrais pour rien au monde causer la
« moindre peine à mon excellent maître (1). »

Présentée au jury du Salon, *la Plage* fut re-
fusée. Il n'y avait même plus à s'indigner.
M. Puvis de Chavannes, qui, lui aussi, connaît la
saveur amère de la bêtise humaine, parle encore de cette toile avec admiration. Après plus
de vingt ans il en a gardé l'image présente. C'est
le plus bel éloge qu'il en puisse faire : l'esprit d'un
poète choisit les images qu'il accueille en lui.
C'est un effet de soir au bord de la mer à Tanger.
La grande ligne des vagues qui se déroulent
coupe la toile dans presque toute sa longueur,
puis, sans se briser, se recourbe en suivant le
mouvement de la baie; à droite, une falaise

(1) Lettre à M. Dubois Tanger.

basse ; au delà une ondulation légère de montagne bleues sur le ciel qui enveloppe toute la scène de ses transparences d'opale irisée. C'est l'heure où le soleil tombe, s'éteint dans l'Océan ; sa lumière presque horizontale s'apaise, s'adoucit en traversant les vapeurs du soir, et ses derniers rayons, caressant la crête des vagues soulevées, y allument une flamme rose, dont la longue traînée se joue dans leurs ondulations. Un nègre, un enfant sur les épaules, regarde. Trois enfants arabes, se tenant par la main, tournent le dos au flot qui les poursuit et courent sur le spectateur avec des cris et des rires. Puis, c'est une famille arabe, puis des cavaliers, leur long fusil au poing, qui poussent leurs chevaux contre la mer : le rayon rose met un éclair sur le turban d'un nègre, fait éclater un fez, un burnous. Tout à fait dans la pénombre une famille juive s'éloigne : un jeune homme plein de noblesse, une jeune femme aux grands yeux noirs sur un petit âne, en avant un vieillard à tête de patriarche. Certes l'effet est hardi de ces grandes lignes de flamme rose qui coupent et exaltent le vert profond des vagues ; mais on ne sent là rien d'inventé, ni d'artificiel ; c'est la nature arrêtée dans un de ses aspects étranges et charmants par un audacieux.

En 1862, Dehodencq est bien résolu à partir, mais le voyage est long, coûteux. L'argent manque. « Pardon, cher ami, c'est moi, ne vous dérangez pas. Moi, surnommé *Pas de chance*, qui vais frappant de droite et de gauche, combattant en désespéré le monstre à cent têtes, à cent bras. A moitié vaincu, haletant, succombant sous le poids... de mes dettes. Je rassemble mes forces pour tenter un dernier effort. Douze toiles, monsieur, douze à vendre et pas un acheteur... De Gibraltar à Paris, de Paris à Cadix ! C'est un père de famille, monsieur, dont la petite fille tant rêvée, tant désirée est en route maintenant pour cette vallée de pleurs et de misères. Ce qui veut dire, mon cher ami, que si le mois de juin me trouve encore ici, c'en est fait de nos projets, me voilà de nouveau cloué sur mon rocher, au bord de la mer, et le vautour attaché à sa proie. Pour combien de temps encore? le grand Être seul le sait (1). » Le moment passe, il ne peut partir. « Je suis dans une terrible position, et devant cette lutte sans fin, aux prises avec l'infernale chance qui me poursuit, je sens mes forces s'épuiser et j'envisage avec effroi, non l'avenir, mais le lendemain

_____

(1) Brouillon de lettre.

11'

même. C'est un mot que je voudrais trouver pour vous peindre la chose, qui ne fut pas la misère, mais non plus la gêne, quelque chose de plus poignant que l'un, et de moins atroce que l'autre... Maintenant tant de temps passé sans résultat, de nouvelles dettes accumulées, la saison bien avancée déjà, et ma pauvre femme trop avancée aussi, elle, dans sa grossesse, pour entreprendre ce long voyage, tout cela est le sujet de tristes préoccupations pour moi (1). » Un an s'écoule encore, enfin après de nouvelles épreuves, de nouveaux efforts, il rentre en France et revient à Paris en 1863.

Dans je ne sais quel conte un bûcheron s'endort de fatigue ; quand il se réveille cent ans se sont écoulés. Il ramasse ses outils et reprend tranquille le chemin du village. En le voyant dans son accoutrement bizarre, les paysans éclatent de rire ; lui, regarde avec effroi ces voisins qu'il n'a jamais vus. Il cherche sa maison, elle n'est plus à sa place, et, quand il demande des nouvelles des siens, on l'envoie au plus ancien du village, qui se souvient d'avoir connu dans son enfance, les gens dont il parle, déjà très vieux. Alors stupide, sans

(1) Brouillon de lettre.

famille, isolé de tous, il s'assied sur le bord de la route et pleure sans comprendre. Vingt ans à Paris c'est plus que cent ans au village. Dehodencq avait des surprises qui le vieillissaient. Il se perdait dans un Paris nouveau; des rues entières avaient disparu; de larges voies tout à coup déconcertaient ses souvenirs. Il se mit à la recherche de ses amis : quelques-uns étaient morts, d'autres s'étaient mariés. On ne l'attendait plus : d'où venait-il ? Qu'était-il devenu ? Et ces mêmes questions qui appelaient les mêmes réponses lui faisaient sentir plus amèrement l'oubli, la vanité de ses efforts lointains. Des souvenirs, auxquels il n'était pas mêlé, des métamorphoses lentes, qu'il n'avait pas suivies, lui révélaient dans les amis d'autrefois des hommes, assagis par la vie, dont il ne connaissait que le nom. Au milieu de l'accueil le plus cordial, une allusion incomprise l'isolait : il n'était plus dans les habitudes des gens. Chez lui, sa femme triste, dépaysée, l'attendait. Dans son appartement parisien, tiroir aux compartiments étroits, au couvercle bas, elle étouffait. Elle revoyait le patio d'où l'œil s'élance jusqu'au ciel, le mirador où le rêve de la sieste s'achève dans une longue contemplation de la mer aux flots bleus. Un jour, il la trouvait

regardant avec inquiétude la neige toute blanche
qui tourbillonnait, couvrant le sol et les toits.
Elle ne comprenait pas le ciel gris et sale,
l'agitation des gens par les rues, cette vie fié-
vreuse, et dans sa main nonchalante l'éventail
andalous restait muet, comme un poème désormais fermé. Dehodencq, dans cette solitude,
eut un moment d'effroi, l'impression qu'il avait
eue à son arrivée à Madrid, plus poignante :
quelque chose de plus profond encore semblait
le séparer des hommes, puisque cette fois il
entendait leur langage.

Mais il n'était pas l'homme des longs décou-
ragements. Le premier moment de stupeur
passé, il regarda les choses en face. Le peintre
des taureaux et des Bohémiens était mort, bien
mort. Les longues années, passées là-bas en
Espagne, au Maroc, à peindre passionnément,
ne comptaient pas. A l'âge où d'autres re-
cueillent le fruit de leurs labeurs passés, tout
était à refaire. Il se sentait tant de volonté, tant
d'ardeur, qu'il ne doutait pas du succès. L'é-
preuve avait quelque chose d'héroïque qui le
tentait. Pour cette lutte il trouvait des forces
toujours renouvelées dans sa passion de son art:
la peinture faisait partie de sa vie physique, il ne
pouvait cesser de peindre qu'en cessant de

vivre; elle était sa consolation aussi et son refuge, toute sa vie morale. En même temps qu'il évoquait les images, qui l'emportaient au pays de la lumière et dans la chaleur de l'atelier, lui donnaient l'illusion du soleil d'Afrique, il apaisait sa douleur, en l'exprimant dans des scènes impersonnelles qui la purifiaient de son amertume.

Ceux qui demandent trop à la vie ne tardent pas à découvrir combien elle reste au-dessous de leur attente. Le bonheur est simple, mesuré; s'il est quelque part, il est en nous : le chercher au loin, dans les spectacles rares, dans la gloire, qu'on ne se donne pas, dans ce qui remue, dans ce qui brille, c'est s'épuiser à la poursuite des mirages décevants que le caprice des désirs déplace et transforme. De là, aux heures de lassitude, la mélancolie, cette tristesse fière de l'âme, qui en veut à la réalité de son insuffisance. Dehodencq avait connu de bonne heure les dégoûts qui laissent dans une sorte d'insensibilité douloureuse; les effrois du poète qui, soudain, éprouve l'indifférence des hommes et des choses, et se voit perdu en un point de l'espace, dans la solitude vaste de son âme, dont le monde s'est retiré. A 23 ans, il peignait *le Doute* (1845), une allégorie, une abstraction.

Il ne savait pas encore la souffrance, il en dissertait. Deux ans après, comme dans le pressentiment de ses destinées, il exposait un *Camoens :* dans l'ombre, un poète abandonné, amaigri, que désole et tue sa pensée ; au second plan, dans une baie lumineuse, un serviteur robuste, un animal dévoué et fort, qui ne connaît de la vie que les souffrances positives dont on ne meurt pas.

Les épreuves du retour, sa triste expérience de la vie, ses espérances mêmes le ramenaient à ce drame du génie, qui le plus souvent achète de la gloire avec de la douleur. Il vivait dans l'angoisse de l'œuvre à faire, de l'œuvre irrésistible qui, de nouveau, eût imposé son nom. Cette œuvre, elle sortait un jour des émotions mêmes qui l'obsédaient. Ses doutes, son attente, tous ses sentiments lui apparaissaient en vivantes images dans une scène de la vie d'un grand homme, dont l'étrange destinée avait été de réussir au moment où son œuvre semblait à jamais avortée. Depuis longtemps Christophe Colomb était mêlé à ses souvenirs. Il avait peint jadis quelques épisodes de sa vie pour le prince. Il le voyait maintenant, arrivant un soir, épuisé de fatigue, l'âme vide d'espérance, le corps brisé, à la porte de ce couvent de la Rabida, où l'intelligence d'un moine allait lui donner ce qu'il n'avait pu obtenir des rois, ni des républiques. Dehodencq, lui aussi, arrivait de loin, bien las, attendant le regard intelligent qui sauve. Il se mit au travail avec ardeur, répandant sa douleur dans son œuvre comme en une âme d'ami, s'apaisant à cette étrange confidence qui parlait d'un autre que de lui-même. Il n'était plus aussi seul; la souffrance du noble compagnon qu'il s'était donné lui insinuait peu à peu dans le cœur, avec un noble orgueil, une pitié désintéressée qui tempérait l'amertume et l'âpreté des angoisses personnelles.

Le soir tombe, un rayon du soleil couchant éclaire le mur au-dessus de la porte du monastère déjà dans l'ombre. C'est l'heure où les mendiants viennent demander un asile, un secours. Ils se pressent, s'agenouillent. En arrière Christophe Colomb debout domine leur foule : ce qu'on voit de lui d'abord c'est le front qui se détache dans la lumière, comme éclairé par le rayonnement du génie intérieur. Ses yeux fixes sondent des profondeurs vides. Son enfant des deux bras s'appuie contre lui, comme pour ne pas tomber, dans une attitude d'épuisement et de supplication. Ils ont marché longtemps, il ne leur reste plus rien que ce

qu'on peut attendre de la pitié des hommes. Sur
le pas de la porte se tient le prieur ; sa tête
pâle, sévère, sort de l'ombre ; surpris, il ne
regarde, il ne voit que Colomb. D'instinct les
mendiants espagnols font le vide autour de cet
étranger, qui n'est pas des leurs : une femme
assise, les deux mains croisées au-dessous des
genoux, le dévisage insolemment ; un vieux
vagabond, demi-nu, s'éloigne en tournant la
tête pour jeter un regard malveillant sur l'intrus. Colomb baisse la tête et se détourne pour
ne pas rencontrer tous ces yeux fixés sur lui.
L'exécution « puissante et nerveuse » (Ed.
About) rappelle celle des vieux maîtres espagnols. C'est de la peinture expressive, les têtes
et les corps parlent. Pas de violences mais aussi
pas de fausse sentimentalité, pas de trompe-
l'œil ; le style simple, sans ornements inutiles à
la gravité du sentiment.

Ce tableau a pour nous un intérêt psychologique : Dehodencq y a mis les émotions de sa
propre vie. Sans qu'il l'ait su peut-être, son
Colomb lui ressemble comme un frère, et c'est
son fils aîné qu'il a peint suppliant, brisé de
fatigue, dans un groupe qui fait songer aux
vieux Œdipes conduits par les Antigones.
Serait-il reconnu ? Trouverait-il dans le public

ce prieur qui discerne le génie dans la foule des mendiants? Question douloureuse à cette heure décisive. On suspendit son tableau n'importe où, à des hauteurs où ne portent pas les yeux des hommes. On le vit pourtant. Quelque juré fut-il pris de remords? j'en doute; quelque honnête homme indépendant obtint-il une réparation? peut-être. Bref, à la fin du salon on descendit le tableau. « On a mis en lumière et en honneur à la fin du salon, dit un journal du temps, une très belle toile de M. Dehodencq, qui avait d'abord été mal placée : *Christophe Colomb arrivant au couvent de la Rabida.* Il est regrettable que l'on n'ait point vu tout d'abord cette œuvre, une des plus dignes d'être remarquées. » Pour le peintre, c'était un désastre. On va au salon huit, quinze jours, pour en causer à tort et à travers : c'est de bon ton ; au bout de trois semaines le sujet est épuisé. Dehodencq n'eut pas le gros succès dont il avait besoin, le succès bête qui fait un peintre presque aussi célèbre qu'un assassin. Le public n'eût pas mieux demandé peut-être que de reconnaître la valeur de cette toile, les qualités de composition, la puissance sobre du style, l'intensité de l'expression; mais il eût fallu lui souffler les épithètes, les phrases à faire. Dehodencq n'allait pas voir les journalistes.

11.

Les années suivantes il revenait à l'Espagne, au Maroc. En 1865, avec *la Bonne Aventure*, pour la troisième fois il obtenait une médaille. « Plus heureux devant le jury que l'an passé, M. Dehodencq vient d'obtenir une médaille. J'entends que l'aréopage de 1865 a réparé l'oubli de son devancier. C'est fort bien fait. D'autant que, du même coup, le vieux compte et le nouveau sont réglés, puisque les tableaux exposés aujourd'hui eussent assurément suffi pour rapporter la médaille à l'artiste (1). » Mais Dehodencq ignorait l'art de réussir ; tous ses moments de loisir étaient consacrés aux siens ; il lui manquait les camaraderies, les amitiés, que sa sauvagerie n'allait pas chercher, que son travail solitaire écartait.

On lui conseillait d'adoucir sa manière, de se faire aimable, de finir davantage, bref de se mettre au goût du jour. Quoi de plus facile pour un peintre comme lui ! Il n'y pouvait consentir : « Vous voulez que je m'astreigne à un genre qui « n'est et ne peut être mien, et cela dans le but de « plaire à certaines gens, que vous appelez les « arbitres du goût — fier goût, oui, et qui nous « conduira je sais bien où. — Atteint de la ma-

---

(1) *Opinion nationale* : O. Merson.

« ladie qui règne partout aujourd'hui, vous
« voulez du positif, et vous jetez froidement à
« la face de gens, qui ne peuvent vous répondre
« que par des soupirs tirés du plus profond de
« leur être, ces mots atroces : Mon cher, vous
« ne voulez pas être des nôtres, eh bien, vous
« crèverez de faim. (Textuel, cela m'a été dit
« par un riche amateur.) Ne tenant aucun
« compte des différences de tempérament, vous
« dites à des malheureux, dont le seul tort est
« de ne pas vous ressembler : Mon cher ce n'est
« pas ça, par le temps qui court, il faut faire
« fortune, et le moyen, tel, tel et tels que vous
« connaissez bien l'ont employé, s'en servent
« journellement et s'en félicitent tout haut. Un
« souvenir, mon cher ami, rien qu'un, écoutez :
« Lorsque Chatterton, réduit à la misère, sol-
« licite l'appui du Lord maire, que fait celui-ci ?
« il lui offre, je crois, de l'admettre dans sa
« domesticité. A la lecture, à la représentation
« de Chatterton, vous tout le prémier vous
« récriez : Oh fi ! quelle cruauté ! Eh bien mon
« cher ami, oublions un moment l'époque où
« cette scène navrante se passe, pour retomber
« à la nôtre, et dites-moi si ce n'est pas abso-
« lument la même chose de répondre aujour-
« d'hui à un brave artiste, qui se plaint de ne

« pouvoir vivre au milieu de ces mille intérêts
« qui ne le touchent pas, froissé par tout et de
« tout : « Mon cher, attachez-vous à quelque
« riche amateur, faites partie d'une de ces
« cliques admises, reconnues. » Notez encore
« ceci, que ce mot de domestique qui nous fait
« frémir, nous, fils du dix-neuvième siècle, au
« siècle passé était assez bien porté, à ce point
« que pas un des contemporains du pauvre
« Chatterton ne songea à s'apitoyer sur son
« sort, et que sa seule oraison funèbre fut alors
« ces quelques mots, qu'on entendait de tous
« côtés, pendant les quelques jours que l'on
« s'occupa de lui : « C'est l'orgueil qui a perdu
« ce fou (1). »

Dehodencq mettait sa mélancolie dans un
nouveau tableau, qu'il empruntait au livre de
Rüth et Noémi, à l'histoire héroïque de ces
juifs, qu'il connaissait si bien. Le soleil a disparu derrière les montagnes, le ciel déjà noir
est coupé de lueurs fauves. Noémi s'est assise
contre un talus. Rüth est à ses pieds. Orpha
s'éloigne dans l'ombre d'un pas rapide. Noémi
regarde celle qui s'en va d'un œil sans larmes,
la bouche entr'ouverte, avec cette stupeur rési-

---

(1) Brouillon de lettre.

gnée que donne l'habitude du malheur. Rüth, la tête sur sa main gauche, dans une attitude de rêverie, regarde devant elle. Quel contraste entre le désespoir rigide, l'angoisse inerte de Noémi, entre ce visage dès longtemps modelé par la douleur et ce vague regard de jeune femme, où l'incertitude ressemble encore à l'espérance. Ainsi dans l'âme du peintre : bien des choses se sont enfuies, bien des illusions, bien des rêves qu'on suit d'un œil morne et qu'on ne revoit plus ; mais la jeune espérance est restée et va côte à côte avec la douleur, sans se plaindre de la route déjà longue.

Le public ne venant pas à lui, Dehodencq se résigne à faire appel à la bienveillance d'un ministre, d'un vice-président du conseil, avec lequel il avait été en relations et dont, au moment de son départ pour l'Espagne, il avait dû faire le portrait. Il eût aimé travailler pour un prince, pour un gouvernement, à la façon des Velasquez, libre des soucis d'argent, qui l'humiliaient, de cette nécessité de vendre, qui met dans l'atelier les petites habiletés de la boutique. C'était en 1867 : année ironique, où les rois venaient faire la fête à Paris et Bismark y promener son casque ; où l'on commentait la mort de Maximilien pendant une représentation

de la *Belle Hélène* ; où de la fièvre du luxe
montait une odeur mauvaise de décomposition
sociale : « Tout ce que peut tenter l'énergie la
« plus patiente, tout ce que l'artiste peut met-
« tre de cœur à son œuvre, y jeter de verve et
« d'entrain, je l'ai fait. Mes amis sont là pour
« en témoigner, eux qui m'ont encouragé,
« aidé, soutenu... ainsi que ma pauvre mère
« morte, minée par le chagrin et lasse d'atten-
« dre, désespérant de voir jamais se réaliser
« son rêve. Grâce à cet appui, j'ai pu travailler,
« vivre et faire vivre les miens ; mais une ab-
« sence de chance aussi complète, des insuccès
« continuels, tant d'efforts infructueux, mille
« choses tentées et toutes restées sans réussite,
« ont amené mes amis à faire la seule chose
« qui leur restât à faire : me plaindre en si-
« lence. Qu'y pourraient-ils? Me voilà donc,
« Monsieur le Ministre, accablé de besoins,
« succombant sous le poids de préoccupations
« terribles, perdant à chaque nouvel effort un
« peu de cette confiance, de cette énergie qui doit
« avoir une fin. Et cela au milieu de cette fête
« universelle ! Que de commandes ne fera-t-on
« pas, dont la moindre serait peut-être pour moi
« le salut. Quand je songe à ce que pourrait faire
« un peintre, qui s'est attaché pendant une grande

« partie de sa vie à observer les races dans leur
« variété, à poursuivre l'étude de types origi-
« naux ! Que d'éléments pour une peinture
« d'actualité ! L'occasion serait belle ; cette
« pensée fait mon tourment... » Il obtint sans
doute une de ces réponses, qui ne compromet-
tent personne, à moins que la lettre n'ait disparu dans la corbeille encombrée d'un secrétaire ménager des moments de son maître.

Dans les *Adieux de Boabdil* (1869), le peintre,
une fois encore, épanchait sa tristesse gran-
dissante en une œuvre dont elle devenait l'âme.
L'artiste se calme à faire de la beauté avec sa
douleur, comme le philosophe à y contempler
les effets de la nécessité universelle. L'émotion
prend quelque chose de fictif, de désintéressé ;
elle se détache de l'individu, se généralise, se
mêle d'un sentiment de pitié pour toute la
douleur humaine. Dans le *Colomb* ce qui domine, c'est, dans le désespoir même, la dignité
fière de l'homme qui sent sa force. Si Noémi a
l'effroi et la stupeur des vieux qui ont vu leurs
enfants mourir, Rüth est assise auprès d'elle et
déjà l'arbre est en fleurs, sous lequel la jeune
Moabite ira s'étendre aux pieds de Booz endormi. Dans les *Adieux de Boabdil* le regret
seul est resté. « Mon Boabdil d'une mélancolie

si profonde! » disait Dehodencq, quand il en parlait. Profonde, comme celle qui, de plus en plus, se creusait dans l'âme de l'artiste et la remplissait d'ombre.

Il existe deux esquisses de l'œuvre, la chose n'est pas indifférente, c'est une leçon de composition pittoresque. Dans la première, Boabdil à cheval se retourne et regarde une petite Grenade qu'on aperçoit dans le fond du tableau à gauche ; près de lui au second plan des femmes arabes, c'est sa mère qui l'insulte et lui crie : « Pleure, pleure, comme une femme, cette Grenade que tu n'as pas su défendre comme un homme. » Voilà la première idée, la mauvaise ; c'est de la peinture anecdotique ; cela se regarde le livret à la main, veut une notice, un commentaire. Les primitifs avaient le bon goût d'écrire sur des banderolles qui sortaient de la bouche de leurs personnages les paroles qu'ils prononçaient. Dans l'œuvre définitive Dehodencq simplifie, supprime tout ce qui est anecdotique, tout ce que la peinture ne suffit pas à dire, ne garde que l'éloquence des gestes et des attitudes, l'harmonie parlante des couleurs et des lignes. La mère n'est plus là ; Grenade nous ne la voyons plus, nous l'imaginons : elle est belle comme notre rêve, comme la poésie lumineuse et parfumée de tous ceux qui l'ont chantée ; grande comme le désespoir de ce jeune roi qui l'a perdue et qui la pleure. Boabdil s'enfuit par la montagne, qui désormais s'appellera le *Soupir du Maure*. Il monte un noble étalon andalous à la croupe rebondie, à la crinière ondoyante, à la tête petite et busquée, au cou renflé, à l'œil étincelant. Il se retourne sur la selle écarlate et regarde pour la dernière fois, avec une expression de suprême désespérance, tout ce qui va disparaître pour jamais au détour du chemin : Grenade, l'Alhambra, et les jardins où Lindarraza passait en cueillant des fleurs. « Le vent de la hauteur soulève son burnous cramoisi sur sa veste de velours vert ; ses jambes, soutenues par les hauts étriers, étreignent de leurs bottines jaunes les flancs du bel alezan, dont les sabots sonnent sur le sol brûlé (1). » Un seul serviteur, un nègre, vêtu d'un paillon bleu, inquiet, tire le cheval par la bride, pour hâter la fuite ; tandis que l'ardente bête, retenue par son maître, qui s'oublie dans sa contemplation douloureuse, s'irrite et lève la tête dans une attitude de révolte. L'œuvre n'est plus

_____

(1) ELIE ROY. *Revue du dix-neuvième siècle* 1869. Il ajoute : « Une certaine correction de lignes relève encore cette page éclatante et superbe. »

anecdotique ; elle dépasse le sujet particulier ; elle prend comme une valeur symbolique, un sens vraiment humain : c'est Boabdil, mais c'est un homme aussi qui se retourne navré et regarde derrière lui le passé, ce qui n'est plus, ce qui ne peut plus être. Comme son héros, le peintre la pleurait, cette Grenade qui l'avait ravi en de si beaux rêves aux jours de sa jeunesse. Plus tôt ou plus tard qui donc ne s'est retourné vers un bonheur trop vite traversé, retenu par le souvenir, entraîné par l'irrésistible fatalité qui nous pousse en avant, comme sous la menace d'un invisible ennemi (1).

L'année suivante, par une de ces réactions familières à l'artiste, il retrouvait des heures de sérénité charmante. Il s'échappait dans un rêve de vie harmonieuse, apaisée. Il laissait les violences, les emportements, les mélancolies ; il cherchait sur sa palette une fleur de poésie orientale, la splendeur tranquille, le je ne sais quoi de radieux et de caressant, qui s'insinue dans le cœur en le pénétrant de la gaîté des

---

(1) Après une description de la *Sortie du Pacha* exposée la même année, M. Georges Lafenestre (*Moniteur universel*, 1869) écrivait : « Son *Adieu de Boabdil à Grenade* nous montre d'ailleurs que s'il est parfois violent et cru dans ses impétuosités, il ne l'est pas de parti pris ; il sait joindre au goût des chaudes couleurs le sentiment des belles attitudes et des grands effets dramatiques. »

choses. Sur une vaste toile il peignait une
Fête juive à Tanger : le luxe du soleil, des soie-
ries chatoyantes, des écharpes de gaze légères,
des draps rouges brodés d'or, des bijoux étincelants, des colliers de perles, des longues pen-
deloques d'or ; la joie de vivre, d'être beau ;
l'épanouissement de la plante humaine dans la
chaude lumière. Jamais il n'avait été mieux
inspiré, et il obtenait cette fois un vrai succès.
« Le morceau capital vraiment hors ligne du
« salon de 1870, écrivait M. Th. de Banville,
« c'est *la Fête juive à Tanger* de M. Alfred De-
« hodencq... M. Dehodencq un des artistes les
« plus puissamment organisés de notre époque,
« est resté tout simplement un peintre, à la
« façon des maîtres anciens... On croirait, si
« les vastes dimensions de la toile ne démon-
« traient pas l'impossibilité d'une pareille suppo-
« sition, que *la Fête juive à Tanger* a été peinte
« en une seule fois, d'un seul coup pour ainsi
« dire, tant cette peinture, d'une si noble et si
« réconfortante harmonie, enlevée avec la fou-
« gue d'un esprit toujours monté au même dia-
« pason, garde partout l'ardeur et la sponta-
« néité du premier élan. Certes il est mille fois
« impossible d'exprimer avec des mots écrits
« le charme d'un tableau qui plaît surtout aux

« yeux par la science de la mélodie ; c'est-à-
« dire par l'invention dans la couleur : aussi
« dois-je me borner à indiquer le sujet. » Et,
après avoir décrit le tableau, il ajoute : « Pour
« tout ce monde calme et d'une vie si intense,
« la joie est virtuelle et pour ainsi dire circule
« dans l'atmosphère ; c'est l'orient et son éter-
« nel rêve saisis par une pensée qui se les ait à
« jamais assimilés et qui les a fixés sur une
« toile où la couleur vibre dans une sereine et
« délicieuse harmonie. Je dirais que c'est un
« chef-d'œuvre, si le mot était encore de mise
« dans un temps qui n'admet et ne baptise ses
« grands hommes qu'après avoir solidement
« scellé sur leur front, avec son meilleur ci-
« ment, la pierre de leur tombeau (1).»

Au milieu de ses efforts, de ses recherches
en tous sens, Dehodencq ne pouvait manquer
d'être tenté par le programme que lui-même
traçait, en 1867, au vice-président du Conseil.
Ces aptitudes ethnographiques, ce sentiment

(1) La *Fête juive* est au musée de Poitiers. M. Brouillet,
conservateur du musée, m'écrit : « Cette toile est une des
plus remarquables du musée de Poitiers ; elle est bien
placée et produit le meilleur effet. Elle occupe presqu'à
elle seule tout un côté d'une salle du musée... Elle n'a
rien perdu de son éclat ni de sa vigueur... Pour moi j'ai
toujours beaucoup aimé cette toile ; et mon fils qui depuis
deux ans fait de la peinture en Afrique avec succès m'a
fait le plus grand éloge de la toile de Dehodencq. »

profond des races, qui lui avaient livré l'Espagne, les Bohémiens, le Maroc, pourquoi ne pas
les appliquer au monde qu'il avait désormais
sous les yeux! Las des Grecs, des Romains et ·
des Turcs, les Parisiens semblaient s'éprendre
d'eux-mêmes, ils voulaient retrouver dans les
tableaux ce qu'ils avaient sous les yeux, les
scènes de la rue, l'ouvrier, le bourgeois, les
drames de la vie contemporaine et française.
Dégager le type, rester poète en serrant la
réalité, montrer dans son caractère la foule
parisienne, la peindre aux grands jours, où
elle se révèle avec sa nervosité, ses enthousias-
mes faciles, ses emportements féroces, voilà qui
valait d'être tenté. Dehodencq allait par les
rues, s'enfonçant dans la mémoire des têtes
caractéristiques qu'il fixait au retour en des
croquis expressifs ; notant avec sa vision rapide
des mouvements, des allures ; saisissant, avec
son sens de la physionomie humaine, le déhan-
chement qui dans la démarche met comme l'accent traînant et dégingandé du faubourg. L'agitation qui remue dans la foule les corps pressés,
les têtes ondoyantes, allait à son talent. En 48,
il dessinait *la Nuit du 23 février ;* son premier
tableau de la vie parisienne c'est l'*Arrestation
de Charlotte Corday* (1868). Rien de l'héroïne poé-

tique dans une attitude théâtrale, rien «de l'ange
de l'assassinat », impassible, presque souriante,
jolie surtout, qui remue doucement les âmes
sensibles. C'est la Révolution, comme nous l'a-
vons revue, la foule terrible qui fait pâlir les
plus braves. Devant la maison de Marat, dans
la rue étroite, la foule se presse ; on s'interroge
de fenêtre à fenêtre ; les cris, les vociférations
se croisent : Charlotte Corday pâle, les vêtements en désordre, est traînée à travers ces
gens hurlants jusqu'à la voiture qui va l'emmener. Les soldats, les meneurs, les orateurs
de club, les commissaires de quartier, les tri-
coteuses, les naïfs et les gredins, tous sont là
fixés dans leur type « les têtes disent une époque » (Zacharie Astruc). Tout s'agite, remue,
tout est violent, passionné et vrai dans cette
page d'histoire, que Dehodencq a peinte « avec
sa verve tumultueuse et sa couleur ardente »
(Théophile Gautier).

Son second tableau c'est encore un épisode
de la vie de la foule dans les rues de Paris. Dehodencq aimait la France, comme l'aiment ceux
qui longtemps ont été exilés, avec l'inquiétude
jalouse de sa grandeur et de sa dignité. La
guerre de 1870 était déclarée. Après les premières défaites les mobiles partaient. Il voulut

être de la foule pour les saluer, par respect. Il attendait des hommes résolus, sérieux, une troupe qui suppléerait à tout par l'ardeur du patriotisme et le sentiment des graves devoirs. Il trouva la cohue, la débandade, une baccha-nale. Il rentra navré, éperdu, sans espérance, avec la vision très nette des désastres inévita-bles. Cette scène, dont les défaites successives ravivaient en lui l'image, l'obsédait. Dans le cauchemar du siège, il peignit le *Départ des mobiles*. Au coin du boulevard Saint-Denis et du boulevard de Strasbourg, poussé vers la gare de l'Est, roule le flot humain entre deux rives de corps tassés, d'où sortent des bras levés, dont se détachent des têtes de braillards que trouent les bouches béantes. Tout est là, la défaite, la Commune, les effets et les causes. Ce n'est pas l'enthousiasme, c'est l'ivresse, c'est la blague du patriotisme. Cela tient du drame et de la paro-die, de la révolution et du mardi gras. La musi-que du régiment pourrait jouer le quadrille d'*Orphée aux enfers*. Au centre de la toile un étudiant, un petit bourgeois, la tunique ouverte, le binocle sur le nez, le cigare au bec, au bras la donzelle en robe bleue, avec laquelle il a pris son dernier bock ; un brave ouvrier s'en va à la guerre comme à la promenade, la petite entre lui et son « épouse »; une vieille femme se retourne et pleure dans son tablier, soutenue par son mari qui regarde effaré ; à gauche un groupe de bourgeois politiqueurs, dont l'un disserte les bras croisés. Parmi les mobiles çà et là des ivrognes, l'un qui danse les bras en l'air, secoué d'un rire canaille ; un autre qui s'effondre et laisse tomber sa tête dans un abrutissement suprême ; un voyou, le sac au dos, le képi sur la tête hurlant ; un vieil officier, l'air désolé, accompagne son fils qui se penche pour serrer la main à un ami : il y en a qui sauront mourir. Sur une voiture de maître à droite deux dames cherchent anxieuses dans la cohue le seul qu'elles sont venues voir pour un dernier adieu. Et partout, au milieu des omnibus, des voitures arrêtées, l'ondoiement de la foule, le grouillement de cette mêlée humaine dont on sent la poussée. On peut contester au tableau la couleur un peu crue, un peu âpre, les maisons que semble avoir chauffé le soleil d'orient ; mais quel mouvement, quel tumulte, quelle puissance de vie, dans cette foule quelle variété de types, bons ou mauvais ; et dans cette œuvre, qui n'est pas une satire, sans rhétorique, sans déclamation, quelle vision de décadence, comme le cœur se serre et comme la volonté se

raidit contre le retour de pareils dévergon-
dages!

Mais c'est par le portrait que toute sa vie,
du premier jusqu'au dernier jour, Dehodencq
est resté un peintre et un grand peintre de la
vie moderne. A vingt-quatre ans, en 1846, il
obtenait sa première médaille avec un portrait,
et depuis, au milieu de ses travaux si divers,
en Espagne, au Maroc, à Paris, il n'a cessé de
peindre ses amis, ses enfants, ses hôtes. C'est
avec des portraits qu'il paie l'hospitalité de Madrazo à Madrid, des officiers du *Newton*, des
consuls de France à Tanger. Peintures à l'huile,
pastels d'une finesse et d'une intensité admirables, crayons qui, d'un trait, arrêtent le contour
d'un visage, il a multiplié à l'infini ces études
de la physionomie humaine. Ce qui me frappe
d'abord dans ces portraits, c'est la simplicité
vigoureuse de la conception. Il ne cherche pas
les effets inattendus, les tours de force. Ce qui
l'intéresse dans l'homme c'est l'homme même.
Son portrait, si j'ose dire, est psychologique,
sans cesser d'être pittoresque. Tout y est subordonné à l'expression morale, mais le moral, il
le découvre dans l'anatomie du visage, dans la
structure de la tête, dans les modelés de la
face que varient les habitudes individuelles,

dans le relâchement ou la tension des muscles qui font la volonté présente au corps. Toutes ses qualités le servaient merveilleusement dans cette œuvre. Le portrait d'un homme se fait comme le portrait d'une race. Chaque individu a son type qui, dégagé des expressions mobiles et fugitives, les contient virtuellement. La vraie ressemblance est la ressemblance expressive, celle qui n'est pas arrêtée dans une forme implacable et sèche, mais laisse au visage la souplesse de la vie et comme la diversité des mouvements possibles. Son amour de la vie, contenu par le contact immédiat de la nature, par les scrupules nécessaires du portraitiste, animait l'œuvre, sans la déformer. La richesse de ses sentiments intérieurs, par la sympathie, l'initiait à la vie des autres, lui en rendait l'expression plus claire. Ses premiers portraits (MM. Nicolle, Jal, Du Mesnil, etc.) sont d'une exécution sobre, contenue : on y retrouve un souvenir des maîtres. Le peintre attentif se surveille. Deux portraits peints en Espagne, un peu avant ceux de la famille de Montpensier, (celui du peintre Debras, et celui du prince Piscicelli), sont deux chefs-d'œuvre par la précision, la fermeté, l'exécution à la fois ardente et sereine. Un jour, en revenant de Tanger, il s'arrêta à Gibraltar et y fit un superbe portrait du gouverneur, un Anglais à fortes pommettes, à mâchoires puissantes, qui fut exposé sur la place publique. A son retour en France, il cherche un portrait tout de verve, qui ne laisse plus soupçonner la pose, qui semble s'être fait spontanément, sans effort, qui soit la vie elle-même. Ses *Portraits intimes* sont pleins de charme et d'expression : penché sur une table, le petit peintre travaille, un de ses frères et sa sœur de chaque côté le regardent. C'est simple, sans pose, sans apprêts, comme l'intimité de la vie de famille : il semble que le tableau ait été aussitôt exécuté que conçu. La petite fille n'a pas eu le temps de perdre son air étonné.

Son chef-d'œuvre en ce genre est peut-être le fameux portrait de son ami Théodore de Banville. « Il a su rendre à merveille ce grand front, appelant, comme celui de César, la couronne de laurier vert, ces yeux d'une poétique tristesse, et cette bouche aux lèvres fines qui semble railler le haut du visage ; car, chez Banville, le lyrisme est doublé d'ironie, et s'il a fait les *Cariatides* et les *Dieux exilés*, il a fait aussi les *Odes Funambulesques*. Cette double expression a été très bien saisie par le peintre, dont il faut louer la riche couleur et la puissante liberté d'exécution. C'est là un portrait comme les peintres en font pour les poètes, et où ils se laissent aller à leur verve, ne redoutant plus les observations que les Philistins ne manquent pas de leur faire en pareil cas (1). » M. Th. de Banville me contait l'histoire de ce portrait. Il a été peint du matin jusqu'au soir, de verve, d'enthousiasme, sans un remords, sans un repentir. Le peintre tenait le poète, ne le lâchait plus, l'emmenait déjeuner ou faire semblant, le ramenait à l'atelier, sans pitié, comme sa chose. « Pour rien au monde, je ne voudrais recommencer cette journée-là, j'étais brisé, il était anéanti, mais le portrait était fait. » Aussi quelle vie! Et dans cette aisance quelle pénétration ! Quel plaisir il y aurait à commenter ce visage, ce port de tête, cette attitude, ce front ample comme la forme du vers, cette bouche merveilleusement petite et fine ; à retrouver l'œuvre dans l'homme, les antithèses curieuses, le mélange charmant du comédien et du poète. Plus d'une fois je me suis pris à regretter que Dehodencq n'ait pas été moins livré à ses passions d'artiste ; qu'il ne soit pas resté un peintre de portrait, rien de plus ; quel

(1) Th. Gautier. *Moniteur universel*, 1863.

maître! et quelle fécondité! Mais il n'était pas économe de lui-même; il était de ceux qui se dépensent sans compter; s'il eût été autrement, il eût été heureux, célèbre, il n'eût pas été lui-même.

IX

Après le succès de la *Grande Fête juive à Tanger* Dehodencq avait été décoré. Frappés du portrait de M. de Banville, M. Béhic, sénateur, et M. Berthemy, ministre plénipotentiaire de France à Washington, avaient voulu leur portrait de sa main. Il croyait les mauvais jours passés ; il était plein de projets et d'espérances. Mais la fatalité était sur lui. Au moment où s'ouvrait le Salon de 1870, tout concourait à distraire le public de la peinture et des peintres. En ce mois de mai la curiosité de la foule et les bavardages des salons avaient bien d'autres aliments. L'histoire se présentait avec des allures de drame à grand spectacle. L'Empire, sûr de la réponse, se remettait lui-même en question. Des discussions passionnées remplissaient les jour-

naux, agitaient toute la nation. Un jour, on annon-
çait à grand fracas un complot mystérieux contre
la vie du souverain. Quelques jours après, le
plébiscite était voté. Chaque soir avait sa petite
émeute, une tempête effroyable de cris, de vociférations, un balayage brutal de la chaussée
par les sergents de ville exaspérés. Et cependant,
à Rome, le concile affirmait que la voix du peuple n'est pas la voix de Dieu, que les plébiscites
ne prouvent rien et qu'il n'y a que le pape qui
soit infaillible. Deux mois après la guerre était
déclarée. Venait l'année terrible, les désastres
sans nom, le siège de Paris, des leçons sanglantes comme celles que le Jéhovah de la Bible
réserve aux Balthazars. Après tant d'épreuves,
Paris était pris d'une crise de folie furieuse. La
foule affamée, ivre, inconsciente se déchaînait
avec la brutalité de la bête puissante et la
cruauté naïve de l'enfant. Au mois de mai 1871
on avait les grands tableaux réels, les Tuileries,
l'Hôtel de ville incendiés, des ciels rouges
d'apothéose pour ce mélodrame d'hommes de
lettres ratés, un art au pétrole à réjouir l'âme
du dilettante Néron. Tant d'angoisses, d'espérances, de douleurs, d'idées contraires avaient
traversé les cerveaux que tout ce qui précédait
la guerre reculait dans un passé lointain. On

avait oublié bien des gens, bien des choses, une période nouvelle commençait.

On n'imagine pas ce qu'il faut d'adresse et de persévérance pour mettre peu à peu son nom dans la foule des mémoires indifférentes. Dehodencq n'était d'aucune coterie, personne n'était intéressé à son succès. Il devait se remettre à la lutte, seul, sans appui, et la lutte s'était déjà singulièrement prolongée. Les forces d'un homme sont limitées. C'est à cette époque que Th. de Banville traçait de lui ce beau portrait : « Il semble que les chauds soleils de l'Andalousie, que les ciels brûlants de l'Afrique aient laissé leurs flammes dans l'œil éclatant, fixe et dominateur de ce grand peintre, où l'on voit passer l'ombre des pensées dont son front déborde. La bouche désabusée et navrée, par moment retrouve un sourire d'une fraîcheur et d'une jeunesse adorables. Quand Dehodencq partit pour l'Espagne, sa chevelure brune, épaisse, presque courte et d'un jet si rebelle donnait à son visage césarien une sauvagerie charmante ; les souffrances, les travaux qui ont dénudé son front, n'ont pu ôter à ses traits le grand caractère que leur conservent encore une pâleur mate, un menton d'une fière ligne romaine et le regard de feu. On se demande quel

nuage obstiné voile ce masque fiévreux, éloquent, mobile et d'une vie si intense ; mais
quelle tristesse ne doit pas séjourner dans l'âme
d'un artiste merveilleux, qui, après avoir peint
là-bas tant de chefs-d'œuvre pour les princes
d'Orléans, n'a pu retrouver au retour son rang
et sa place, même après les plaidoyers passion-
nés qu'a, dix fois de suite, écrits à sa louange
le maître glorieux, le juge impeccable, Théophile Gautier (1). »

Au moment où il allait avoir besoin de toutes
ses forces pour continuer à plus de cinquante
ans cette vie étrange d'un artiste qui sans cesse
recommence sa réputation, un malheur suprême,
imprévu l'accablait pour jamais. Certes la souffrance est grande pour l'artiste véritable de se
sentir méconnu. C'est lui, c'est ce qu'il y a de
meilleur en lui qu'il met dans son œuvre ; c'est
son cœur, d'une sensibilité exquise, que le public
tient et serre dans sa main grossière. Mais pour
se consoler il a les grands exemples ; d'autres
ont souffert la même souffrance qui valaient
mieux que lui. Les épreuves, les dégoûts, les
déceptions cruelles du travailleur solitaire,
Dehodencq les connaissait dès longtemps, il les

(1) Théodore de Banville.

avait prévus, il y était résigné. Mais il lui
semblait que ces souffrances acceptées devaient
suffire au destin. Il avait bien le droit de voir
ses enfants vivre, de se réjouir les yeux de leur
beauté, de se reposer à leur insouciance. Cette
consolation vraiment lui était due : elle allait
lui manquer.

Il était resté à Paris pendant le siège avec ses
quatre enfants. Depuis son retour d'Espagne, il
habitait au coin du boulevard Saint-Michel et
de la place de la Sorbonne. La maison était sur
la trajectoire des obus prussiens. Le 2 janvier,
vers minuit on entendait des sifflements que
suivaient les bruits sourds de chocs énormes.
Le bombardement commençait. Dehodencq ne
voulait pas se déranger, donner cette satisfaction à ces gens, qui là-bas se flattaient d'inti-
mider Paris. Il céda aux instances de sa femme :
par cette nuit froide on descendit, on s'installa
dans les caves. Une demi-heure après un obus
trouait le mur et, sans éclater, prenait dans
son lit la place qu'il venait de quitter. L'hiver
du siège fut rude aux enfants. Le bois, le charbon, pour beaucoup l'argent aussi manquait
Par ces froids atroces on se chauffait pauvre-
ment. Il y avait bien de la paille dans le pain !
pas de lait ! des nourritures étranges ! Les

petits souffraient; combien mouraient! combien depuis sont morts! La petite fille, la dernière venue, la plus attendue, la plus aimée peut-être, ne devait jamais s'en remettre.

Elle était charmante, l'orgueil et la joie de son père. Il aimait ses enfants avec passion, d'une affection jalouse, presque tyrannique; il ne pouvait les perdre de vue; il les voulait toujours près de lui; il les dessinait, les peignait sans cesse; il n'en est pas un dont il n'ait fait plus de dix fois le portrait. Mais il avait pour sa fille une secrète préférence. Il l'avait longtemps désirée: elle était née à Paris, après ses trois frères. L'éducation des fils a quelque chose de grave, d'austère. Il y a pour les jeunes hommes une crise d'indépendance et de passion; un âge redoutable où ils se jettent sur la vie avec avidité, affamés de sensations qu'ils ignorent. Dehodencq ne pouvait accepter cette pensée qu'un jour ses fils lui échapperaient, qu'il les verrait peut-être gaspiller leurs forces et leur vie. Avec sa fille il n'avait pas ces inquiétudes; il ne prévoyait pas ces luttes, ces résistances; il l'aimait sans arrière-pensée, d'une affection qui lui faisait du bien. Elle était délicieusement jolie. Des divers portraits, qu'il a faits d'elle, l'un, entre tous, un pastel,

est un chef-d'œuvre de vie, de tendresse délicate. On y sent ce qu'il y a dans l'enfant de la
fleur, ce parfum léger de pureté, de joie, de
candeur, qui remplit la maison et qu'on respire dans l'air autour de lui. Elle avait les
grands yeux noirs, les yeux andalous ; mais la
bouche fine, un petit nez mutin, et dans la
flamme du regard une étincelle d'esprit français; une grâce parisienne avec un charme de
plante exotique, qui garde un rayon des soleils
plus ardents.

Plus que les autres, elle ressemblait à son
père : elle en avait la sensibilité et le courage.
Comme son frère Edmond, qui devait donner de
si belles espérances, elle avait hérité du génie
paternel. Avant quatre ans, sans savoir lire ni
écrire, par jeu, elle copiait une lettre en imi-
tant les signes tracés, en en reproduisant l'ara-
besque. Elle jouait à la peinture comme les petites filles jouent à la poupée. Elle restait immobile, des heures, sans se lasser, à chercher des
formes ou des tons. Quand elle avait été très
sage, elle allait à l'atelier avec son père. C'était
la récompense des grands jours, la joie sans
pareille. Dans son esprit d'enfant, l'atelier
était un lieu redoutable et sacré : les grands
murs, la baie lumineuse, la palette, l'éclat des

tubes de couleur qu'on presse ; et les belles
images sur les toiles, lui donnaient une joie
mêlée d'effroi. Elle s'installait à sa place,
devant le modèle que lui traçait son père, et,
silencieuse, elle travaillait. Dehodencq se mettait à l'ouvrage ; oubliant l'enfant, il montait
les marches de l'escabeau, donnait une touche,
s'arrêtait, descendait, reculait pour juger l'effet,
revenait courant, avec ces bonds ardents qui
mettaient dans son travail sa verve d'artiste. Tout
à coup il se souvenait de l'enfant, venait jeter
un coup d'œil sur son dessin. C'était un grand
moment. Lui disait-il de son ton brusque, emporté : « Ce n'est pas ça, c'est mauvais ! » la
pauvrette levait sur lui ses grands yeux navrés,
et elle éclatait en larmes. Alors, avec le remords d'avoir causé ce désespoir, il la prenait
sur ses genoux, l'embrassait, la consolait et lui
montrait un beau tableau, dont le sujet devenait une histoire. Ils rentraient ensemble à la
maison, elle toute fière, lui moins soucieux. Elle
admirait son père, elle l'aimait par dessus tout,
avec l'ambition de lui ressembler. Cette tendresse naïve lui rafraîchissait le cœur. Devant
elle, il n'osait s'emporter pour ne pas lui faire
peur. Il la voyait grande, belle, appuyée à son
bras. Il rêvait les intimités charmantes de

l'amour paternel, cette affection unique, toute désintéressée, limpide sans une ombre troublante, et la joie que répand la jeune fille dans la maison qu'elle rajeunit. Le talent de sa fille lui mettait au cœur une fierté, une reconnaissance aussi pour ce témoignage vivant de son génie.

Des privations du siège elle était restée délicate. Sa sensibilité affinée lui donnait la séduction des êtres exquis, qui semblent trop frêles pour ne pas se briser au premier choc. Mais elle avait tant d'entrain à la vie qu'on ne voulait pas s'inquiéter. Des fièvres sans cause parfois la pâlissaient. Au commencement de 1873, elle tombait malade : elle n'avait pas huit ans. Le médecin prit à part Dehodencq, fit appel à son courage. Pâle, les dents serrées, la gorge étranglée, le pauvre père attendait. C'était une méningite : il n'y avait rien à espérer qu'un miracle. Les miracles, ça n'était pas fait pour lui. Il croyait savoir la souffrance, avoir épuisé l'amertume de la vie ; il trouvait dans l'enfer de la douleur des cercles horribles qu'il n'avait pas soupçonnés. Il se sauvait parfois à l'atelier pour souffrir tout seul, à son aise, pour rentrer avec un visage serein, pour s'asseoir avec un sourire auprès du lit de la petite malade. Elle restait douce, elle gardait sa passion de peindre. On lui avait donné une belle boîte de couleurs, et, dans son lit, elle oubliait tout à copier les tableaux de son père suspendus aux murs. Dehodencq la regardait vivre ses derniers jours avec l'atroce pensée qu'elle s'en allait, qu'à chaque heure elle le quittait un peu plus, que rien ne pouvait la retenir. Il connut les angoisses suprêmes, les mots d'enfant involontairement si cruels : « Papa, j'ai mal ; est-ce que tu vas me laisser avoir mal? tu ne me laisseras pas mourir, dis? » et les petits bras qui se suspendent au cou avec un muet reproche, un étonnement d'être abandonné, de ne pas trouver le secours attendu. Il vit les grands beaux yeux qu'il aimait se ternir, prendre cet éclat vitreux, que semblent troubler des effrois, des cauchemars trop affreux pour une âme d'enfant, et la vie se débattre en une lente agonie dans ce pauvre petit corps amaigri, grandi, méconnaissable. Elle mourut, elle partit, laissant sa place vide, elle, si petite, une solitude immense. Dehodencq venait de toucher d'un héritage quelques mille francs, il voulut tout lui donner; elle s'en alla, du moins, comme une petite reine, dans la blancheur et le parfum des fleurs rares.

Il avait ses trois fils, sa femme, son art aussi, qu'il aimait comme un devoir, il pouvait vivre.

Quand il put, sans défaillir, regarder en face cette pensée douloureuse, il voulut nier la mort. En 1876, il exposait la *Fille de Jaïre*. L'enfant, le sien, est étendu sur le lit ; elle est morte encore, mais déjà la vie rentre en elle et ses yeux vont s'ouvrir. La mère, à genoux, pâle, qui se renverse pâmée dans les bras de son mari qui la soutient ; une belle juive une sœur aînée peut-être, debout en arrière qui regarde, les apôtres dans le fond, le silence, l'attente, l'énorme anxiété qui pèse, tout ce drame humain dans l'ombre est superbe. Le grand Christ maigre, presque sans corps, dont les longs cheveux roux retombent sur les épaules, et dont le profil perdu semble se dérober aux regards, n'a rien de la sûreté majestueuse d'un Dieu ; il a quelque chose d'hésitant, de maladroit, comme si dans sa forme incertaine étaient passés les doutes et les anxiétés du père.

La lutte, qui avait été toute sa vie, peu à peu le reprenait. Mais les forces de l'homme sont limitées. Depuis des années, prodigue de lui-même, il donnait sans compter, brûlant son sang, consumant sa chair. Ses nerfs surexcités maintenant le dominaient. Son énergie n'avait plus le calme de la volonté forte, elle avait les crises, les emportements de la passion. Autre-

fois il voyait nettement son tableau, après quelques dessins, en arrêtait l'esquisse et s'y tenait.
Il multipliait les études, cherchait les gestes,
les physionomies, mais ses efforts successifs
étaient comme autant de pas dans la même direction, vers un même but. Dans les dernières
années de sa vie, il semble hésitant, incertain ;
il a des remords, des repentirs ; il multiplie les
esquisses sans se satisfaire ; jusqu'à la dernière
minute, il ignore ce que sera son tableau.
Doute-t-il de lui-même ? est-il trop préoccupé
de l'effet à produire ? ou plutôt n'obéit-il pas
aux entraînements de sa sensibilité, aux ca-
prices de sa verve, à une sorte d'inquiétude nerveuse, qu'il ne peut plus dominer ? Trente ans
auparavant, dans une heure de découragement,
il surprenait en lui le germe de ce défaut, qui
tenait à ses qualités mêmes, à son ardeur d'im-
provisation, à la fougue de son talent. « Au lieu
de frapper un grand coup sur une toile, je la
harcèle, je la fatigue, je la tourmente. Mon
besoin de changement, le désir de l'inconnu
font qu'au lieu d'améliorer je change. C'est un
tas de bonnes idées, de mouvements vrais, de
beaux tons, jetés pêle-mêle les uns sur les
autres (1). » Dans la force de l'âge et du talent,

---

(1) Madrid. Lettre à sa mère. 1850.

la volonté continue, l'idée tenace faisait l'unité des efforts successifs, corrigeait les écarts de la verve. A la fin le tableau n'était jamais fait ; il lui arrivait d'effacer des œuvres charmantes, de bouleverser, de saccager une toile achevée. La plupart des peintures lui semblaient froides, sombres, avec des procédés et des artifices. I n'y voyait pas ce qui rayonnait en lui : le soleil. Ses yeux fatigués avaient-ils perdu la sensation des nuances ? n'étaient-ils satisfaits que par l'éblouissement? Il voulait dans sa peinture l'intensité de la pleine lumière, l'éclat des tons sous l'ardeur d'un ciel brûlant; l'effet direct, immédiat ; la force sans ruses, sans le secours des contrastes, un flamboiement de couleurs pures montées à leur plus haut diapason. La perspective aérienne, l'atmosphère enveloppante manquait. En même temps il peignait sur des souvenirs de plus en plus lointains, l'imagination l'emportait, et dans la furie des gestes, dans l'audace des mouvements, dans l'ardeur du coloris, ce qui surtout apparaissait, c'était le tumulte intérieur, l'agitation d'une âme surmenée. Au moment où, niant le soleil, on acceptait comme un dogme que la nature est grise, où la fantaisie était bannie de l'art, Dehodencq, qui, l'un des premiers, sans médire bêtement de la

poésie, avait prétendu la faire sortir des choses
elles-mêmes, s'exposait à ce reproche de romantisme qui l'irritait si fort. Et cependant
ses grandes qualités se retrouvent dans ses
dernières peintures, si intéressantes, quand on
les remet à leur place dans l'œuvre et la vie du
peintre, dont elles dérivent logiquement. Le
Conteur marocain (1877) a l'éclat d'un bouquet
de couleurs ardentes, et les *Prisonniers marocains* (1881), le chef d'œuvre peut être de cette
dernière manière, ont la verve et l'emportement
d'un talent déchaîné.

Dans la grande lassitude de son corps, dans
l'épuisement de ses muscles, brûlés par le travail et les émotions, les nerfs seuls survivaient
en lui. Sa sensibilité excessive s'affinait encore.
Tout lui devenait occasion de souffrir. Il entendait ce qu'on ne disait pas. Il devinait le dédain
de celui-ci, la pitié de celui-là, et l'espèce de
joie des sots devant l'insuccès d'un homme,
dont la supériorité les agace et les humilie. Il
avait toujours été susceptible : son caractère
s'assombrissait, il devenait irritable. Lui qui
avait tant cherché, portraitiste, peintre de
genre, peintre d'histoire, toujours en mouvement, toujours en effort, il voyait l'art devenir
routine, chacun se faire une petite spécialité,

fabriquer le même tableau avec une sûreté automatique et le succès sortir de l'impuissance, de la stérilité. Il lui devenait impossible d'arrêter sur ses lèvres les mots cruels, il avait des jugements d'une justesse implacable qui allaient droit au vice d'une peinture, au petit côté de boutique et de marchandage. Ses plaintes amères n'épargnaient pas toujours ses amis : plus d'un espaçait ses visites, ne venait plus que rarement, non sans trembler. Plus il allait, plus il aimait la solitude ; il n'ouvrait plus à personne la porte de son atelier. Il craignait un mouvement, un geste, un mot maladroit, une expression de physionomie douteuse. Plus il souffrait de cette solitude, plus il s'y enfermait. Sa fierté lui avait coûté assez cher pour qu'il y tînt. Il l'exagérait. Et cependant il n'était pas fait pour cette vie aride. Il avait une grande bonté, une indulgence véritable pour les jeunes gens qui l'approchaient avec respect. Il trouvait pour les accueillir un sourire jeune, d'un charme exquis. Il voulait leur éviter les imprudences qui l'avaient perdu, mais il n'avait pas un mot qui pût les décourager de l'élévation morale, de la fierté, de toutes les vertus, qui avaient bien été aussi pour quelque chose dans l'avortement de sa vie. Son affection avait le prix des choses les plus rares. Une parole de justice, une admiration sincère le transportait de reconnaissance : « Non, je n'oublierai de ma vie l'impression produite par votre article sur ma *Charlotte Corday*, le cri de vengeance satisfaite que je laissai éclater là, seul à seul avec mes toiles. Cela me prenait aux cheveux, à la gorge ; un monde s'ouvrait devant moi et je respirais librement enfin (1). » C'est au même ami qu'il écrit : « Je me hâtais de terminer l'année comme je l'ai commencée : vingt toiles et des aquarelles... en sorte que votre charmante lettre m'a été servie toute chaude. Merci de vos bons souhaits, cher et sympathique ami, vous nous avez fait bondir ma femme et moi ; quant aux petits chers, ils ignorent ce qu'est une goutte d'eau pour la soif brûlante, le repos au milieu des fatigues sans trève, aussi tout étonnés nous regardaient-ils avec les grands yeux noirs que vous savez. Les éloges de M. Carolus Duran m'ont été au cœur, d'autant que c'est pour moi un homme d'un très grand talent. Je vous le répète, un mot pareil de la part d'un artiste de cette taille m'a vivement touché. Ah ! vos encouragements, cher ami, votre appel à de nouveaux

_____

(1) Lettre à M. Zacharie Astruc. Juin 1868.

efforts, qui mieux que moi les comprendra jamais ? Dix ans d'efforts, dites-vous, eh ! vingt, trente, une existence entière ! Que pourrais-je désirer de plus, moi qu'une flamme inextinguible brûle sans cesse, moi que vous connaissez, ô mon bien cher, et que vous verriez s'éteindre de langueur et de mélancolie, si je n'étais empoigné par les intermittences de cette fièvre qu'on appelle la production. La gloire ! ah ! taisez-vous, bien que vous fassiez vibrer tout mon être (je vous en fais l'aveu bien ingénu). En fait de gloire, l'idée des belles cimes neigeuses entrevues de loin ne peut me sortir de la tête. De collines en collines que d'efforts, que de peines pour y arriver. — Et puis des pierres, des ronces, l'aridité la plus complète, et de nouveaux horizons plus beaux encore (1) !... »

Chose étrange ! à mesure que la tristesse s'appesantissait plus lourde sur lui, son esprit semblait s'alléger, de lui-même s'élever aux sommets. Quand on arrivait, on le trouvait le plus souvent silencieux, dans une sorte de prostration mélancolique qu'il secouait par un effort de volonté. On passait dans la petite salle à manger, qui donnait sur la rue Champollion,

(1) Lettre à M. Zacharie Astruc. 1ᵉʳ de l'an 1869.

une rue sombre, étroite. On tirait les rideaux
pour épargner les yeux de ce peintre des soleils
brûlants. La conversation, d'abord languissante,
peu à peu s'animait. D'un tableau, qu'il analysait
comme s'il l'avait sous les yeux, il passait au
peintre, du peintre à ses contemporains, à son
milieu; et alors, à grands traits, avec des mots
caractéristiques, des formules impérieuses, il
résumait toute une période de l'art. L'idée qui
tombait dans son esprit ouvrait des cercles de
plus en plus vastes. Il aimait les vues d'ensemble, les grandes fresques historiques. Il
connaissait à fond la littérature de son temps,
il en ramassait l'histoire en quelques noms, en
quelques œuvres, faisant la psychologie du
dix-neuvième siècle, énumérant les sentiments,
les suivant dans leurs nuances, dans leurs métamorphoses et leurs transitions du romantisme
au naturalisme, caractérisant un homme, mar-
quant son influence, faisant à chacun sa part de
gloire et de responsabilité dans la décadence des
esprits. Alors il se laissait aller à des fantaisies
prophétiques; il lançait la brute humaine sur la
civilisation byzantine; il bouleversait la société,
allumait des incendies, anéantissait les biblio-
thèques, les musées et leurs chefs d'œuvre avec
une sorte de joie vengeresse et une verve de

coloriste éloquent. C'était un spectacle attachant et douloureux que celui de cet homme, enfonçant l'éperon dans la bête lassée, l'emportant en des mouvements superbes qui la laissaient épuisée. On sortait la tête pleine d'idées en tumulte et les yeux pleins de larmes (1).

(1) Ce brouillon, trouvé dans ses papiers, ne donne qu'une idée lointaine de ses conversations si vivantes. « Regardons sérieusement ces toiles, sujet d'hilarité pour les uns, d'enthousiasme puéril pour d'autres. Et qu'il nous soit permis tout d'abord de regretter que l'artiste, si convaincu qu'il soit, ne se contente pas d'élaborer son œuvre en silence. Est-il besoin à une conviction bien sincère, à une manière de voir bien arrêtée de tout ce bruit, de ce vacarme ? Et vraiment sont-ils bien venus à crier au progrès, quand le plus clair de leurs efforts nous ramène tout bonnement à l'enfance de l'art. Donnez à un enfant, bien organisé s'entend, un crayon, une plume, un pinceau, et vous aurez à l'instant, sans effort, l'idéal de la manière prétentieusement naïve de ces peintres, dits élèves de la nature. Que leur manque-t-il ? l'étude. Et voilà où est l'écueil. Arriver avec beaucoup d'étude, un monde d'éléments presque tous contraires, la connaissance profonde des maîtres, des ressources de l'art. — Tout cela s'en servir devant la nature ; n'en prendre que ce qu'il en faut, le trait saillant éloquent, celui qui doit laisser tout le reste dans l'ombre.

Vous parlez de Rembrandt. Eh ! bon Dieu ! il a fait très simplement ce grand peintre, en homme de génie, ce que vous établissez en principe. Fort en son métier comme pas un, sûr de ses moyens... N'allez pas croire qu'il oublie tout cela devant la nature. Non, seulement c'est chose à lui si naturelle que le tout se présente à l'instant. Et c'est ce qui fait de la tête d'un grand artiste un admirable spectacle. C'est tout un monde. Que de comparaisons, que de réminiscences, que de conseils dictés par l'expérience, que de pensées en foule entre ce coup de pinceau et l'idée de l'artiste ! Non, il ne faisait pas fi de l'imagination. Je n'en veux pour preuve que cette admirable tête de Christ dans la

Il retrouvait tant de forces à certaines heures, son corps amaigri avait des souplesses si
jeunes, des redressements si fiers, et ses yeux
une flamme si ardente qu'il semblait que la
source de vie, qu'il épanchait si abondante aux
heures de verve, fût en lui intarissable. Il était
cependant à bout de forces : sa vie n'était plus
qu'une fièvre intermittente, avec des alternatives d'abattement et d'excitation. Plus il allait,
plus se faisaient rares les heures d'espérance.
Une grande solitude désolée s'élargissait en
lui. L'anémie croissante le laissait parfois sans
idées ou dans des visions si funèbres, qu'il trem-
blait de voir lui échapper son intelligence et sa
volonté. Mais à l'atelier il se ranimait. Dès le
matin il partait, il rentrait tard, déjeunait à la
hâte, avec sa sobriété d'oriental, et retournait

petite scène du Louvre et l'adorable expression de l'enfant
apportant le plat. — C'est l'idée, le sentiment — tout
jusqu'à l'effet mystérieux, cherché, voulu. Ses portraits !
Regardez l'homme au chapeau, la mâle et grande expression du modèle, le tout rendu (après un travail que lui seul
pourrait nous dire) par quelques touches d'une sûreté, d'une
vision admirables. Et ce serait là ce que vous appelez un
réaliste ! Ah ! quelle fantaisie, quelle puissance, quelle
poésie se dégagent... Suivez-le dans ses foules, dans ses
bonshommes de second plan, quelle étude ! quelle observation de la nature ! quelle provision de choses vues, sues !
quel débordement de science, d'acquit ! Demandez-le maintenant aux réalistes de ce temps, ce qu'ils aiment, c'est le
modèle là, bien tranquille, qui pose devant eux !... »

au travail jusqu'à la nuit tombante. Le soir, un de ses fils lui faisait la lecture et il commentait devant eux les poètes, les historiens, les romanciers avec sa verve éloquente et suggestive, évoquant les civilisations passées, esquissant au passage un tableau qu'il regrettait de ne pouvoir peindre, cherchant à faire passer en eux quelque chose de la flamme spirituelle qui le consumait.

Au mois de septembre 1881, il alla à l'enterrement d'un jeune homme, pour lequel il avait une vive affection. C'étaient les seules fêtes qu'il ne manquait plus. Il tint à l'accompagner jusqu'au bout. Les cérémonies achevées, le ciel menaçait. Il ne s'occupa que des siens, les installa en voiture et revint à pied. La pluie le surprit en route. Il rentra frissonnant. Deux jours après, une fluxion de poitrine se déclarait. On craignit pour sa vie. Il se releva pourtant après deux mois de maladie. Mais il ne pouvait quitter la chambre, il restait très faible. Dès qu'il put travailler sans défaillir, il se remit à peindre. C'est alors qu'il fit ses derniers portraits, des portraits de parents, d'amis, des pastels délicats et vigoureux, d'une grande beauté, faite d'apaisement et de tendresse. Il ne s'avouait pas vaincu ; il n'était pas épuisé de rêves et d'espérances. Il ne voulait pas mourir ; il

voulait lutter encore. Il projetait de finir, comme
il avait débuté, par de beaux portraits.

Mais ses forces, au lieu de revenir, de plus en
plus s'en allaient. Sa volonté galvanisait son
corps. Il se mettait debout, se traînait à sa fenêtre, s'asseyait devant son chevalet. Enfin le pinceau lui tomba des mains. « Je ne peux plus, dit-
il. » Et il se coucha. C'était la fin. Devant la mort
il se retrouva doux et fort. Il était plein de reconnaissance pour les soins qu'on lui donnait ; il
souffrait en silence, sans une plainte, la nuit,
pour ne pas éveiller sa pauvre femme, endormie
sur un fauteuil auprès de son lit. Comme elle lui
disait : « Ton malheur a été de me trouver sur
ton chemin, » il eut un geste grave : « Pourquoi
être ingrat envers le passé, je ne regrette rien. Si
c'était à refaire, je recommencerais. » Avait-il
donc trouvé dans sa vie déplorable le secret du
bonheur? Il ne songeait plus qu'aux autres, qu'à
ce qu'il pouvait encore leur donner de lui-même.
Il appelait Edmond, résumait pour lui dans ses
paroles, qui étaient autant de douleurs, toute
son expérience de peintre, lui recommandait les
tableaux à regarder sans cesse au Louvre :
« Rembrandt surtout, Rembrandt, je dirais
presque : rien que Rembrandt. » Les yeux déjà
obscurcis, il cherchait des mains ses fils, pour

les avoir encore, jusqu'au dernier moment ; il leur recommandait leur mère et de devenir des hommes. Au moment de partir, il mettait dans cette scène d'adieu, dans cette scène qu'on n'oublie pas, tout ce qu'il pouvait mettre de force pour eux contre les tentations mauvaises. Dans ses derniers murmures d'agonisant, on surprenait encore ces mots d'honneur, de droit chemin, de devoir. C'était le secret de sa vie qu'il livrait dans ces paroles suprêmes, le secret de sa force, de la consolation qui jamais ne lui avait manqué.

DISCOURS

PRONONCÉ SUR LA TOMBE D'ALFRED DEHODENCQ
PAR M. THÉODORE DE BANVILLE

« Accomplissant un cruel et suprême devoir,
je m'approche de cette tombe non seulement
avec une respectueuse admiration, mais aussi
avec une tendre affection désolée ; car celui
auquel je viens dire adieu n'a pas seulement
été un homme de génie, il était aussi le plus
ancien de mes amis et le meilleur, comme je
m'honore d'avoir été le sien. A ce titre, il m'ap-
partiendrait sans doute de dire quels trésors de
bonté, de dévouement, de tendresse contenait
son âme fidèle ; mais à ce moment décisif l'artiste dans Alfred Dehodencq doit tout dominer,
et d'ailleurs son génie était sa tendresse même ;
il fut toujours fait d'un immense effort d'amour.
Car l'amour seul ose et sait créer quelque chose,

Dehodencq était de ceux que dévore l'appétit de l'idéal, et qui ne peuvent trouver nul repos tant qu'ils ne l'ont pas contemplé de leurs yeux avides et touché de leurs mains frémissantes.

Pour ceux-là, qui ne se contentent pas du métier et du talent, la vie n'est qu'une longue et pénible lutte, où les succès et les défaites sont les moindres accidents ; car la seule, la vraie souffrance de l'artiste, c'est de ne pouvoir exprimer complètement ce qu'il a en lui, c'est, si grand qu'il soit, de rester toujours inférieur à son désir. C'est seulement lorsque ses yeux se sont fermés à la lumière matérielle qu'il s'enivre enfin de la complète harmonie, et aussi c'est alors seulement que ses contemporains lui rendent justice et mesurent l'audace de son vol effréné.

Cette heure apaisée et radieuse est enfin venue pour Alfred Dehodencq ; on voit avec éblouissement sa carrière trop courte, à chaque minute peuplée d'œuvres et de chefs-d'œuvre. Entré dans l'art avec cette solide éducation que Cogniet donnait à ses élèves, ses débuts furent une suite de victoires ; tout de suite il s'affirmait grand coloriste, dessinateur savant, habile à fixer le mouvement fugitif et rapide, compositeur superbe, historien ayant le sens intime des époques et des races. Il savait donner à ses créations la passion, la fougue, l'intensité tragique.

L'Espagne et l'Orient l'attiraient comme une patrie d'avance entrevue et devinée ; on sait quel artiste il y devint, comme il y peignit de nombreuses toiles impérissables, et comme il en rapporta, dans ses prunelles, les acteurs, les costumes, le changeant décor de son drame infini et varié et l'étonnante splendeur de la lumière et du ciel. Quand il revint en France avec sa chère compagne, avec ses fils nés au pays du soleil, bien des choses avaient changé ; Dehodencq garda l'enthousiasme, l'ardeur, la fièvre de ses débuts ; il resta fidèle à sa religion et à lui-même. Il a peint jusqu'à la dernière minute, jusqu'à ce que le pinceau tombât de sa main défaillante, de plus en plus admiré par les plus clairvoyants penseurs en qui commence la postérité déjà vivante.

Ses dernières années, ses derniers jours surtout ont été un long martyre ; mais il s'éveille de ce mauvais rêve, et il entre à la fois dans l'éternelle félicité et dans la gloire sereine. O mon ami ! ta femme, tes fils, tes admirateurs, tes amis, tous ceux qui te chérissaient sont en pleurs ; mais toi, tes prunelles se sont ouvertes, tu vois l'invisible, et c'est dans la tranquille joie que tu m'entends te dire : Adieu, créateur, lutteur, grand artiste tant de fois meurtri et blessé, qui triomphes enfin. O mon cher bien-aimé, mon vaillant ami de toutes les heures, adieu et à toujours ! »

CATALOGUE[1]

1844. — Sainte Cécile en adoration.
L'Orpheline.
Portrait de M. Jules Adenis.

1845. — Le Doute.
Portrait de M. Ludger Berton.

1846. — Saint Étienne traîné au supplice.
Portrait de M. Jal.

1847. — La Visitation.

1848. — Christ au tombeau.
Le Camoens.
Portrait de M. Nicolle.
Portrait de M. A. Du Mesnil.
Portrait du peintre.

1849. — Virginie trouvée morte sur la Plage.
La mort de Rotrou.

(1) On ne m'a pas remis à temps les documents nécessaires pour dresser un catalogue un peu complet de l'œuvre de Dehodencq. Je me contente d'énumérer les œuvres principales.

Portrait de Mme Demuelle.

Portrait de Ch. Demuelle.

Portrait de Lucien Dubois.

Divers portraits.

1850. — Portrait de M. Madrazo.

Portrait du fils Madrazo.

Portrait d'un jeune peintre de Grenade.

Gil Bias et le capitaine Rolando.

Portrait de M. Debras.

Portrait du prince Piscicelli.

Combat de Novillos.

Brigand espagnol.

Répétition du combat de Novillos.

Cinq esquisses tirées de Gil Blas.

Esquisse du naufrage de don Juan.

Esquisse d'un épisode de la vie du cardinal Ximénès.

Étude de vieille.

1851. — Danse de Bohémiens à l'Alcazar.

Procession de la semaine sainte à Séville.

> Appartiennent à M. le duc de Montpensier

Portrait de M. Mamby.

Portrait de M. Zabalburn.

Portrait de M. Pereda.

Portrait du député Ureta.

1852. — Cantonnier andalous endormi sur le chemin.

Bohémiens et Bohémiennes au retour d'une fête en Andalousie.

Répétition de ce dernier tableau.

1853. — Portraits de la famille du duc de Montpensier.

Esquisse de l'arrivée de la reine Marie-
Amélie à Cadix.

Portrait du lieutenant de vaisseau Dorré.

Portrait du capitaine de vaisseau de Maisonneuve.

1854. — Danse de Bohémiens.

Concert juif chez le Caïd marocain.

Portrait de M. Schmidt consul de France à
Tanger.

Feria de Séville.

Portrait du duc de Montpensier en grand
maître de Calatrava.

1855-1863. — Visite de Son Altesse Royale au Couvent de la Rebida.

Quatre compositions de la Vie de Christophe
Colomb.

Arrivée de la reine Marie-Amélie à Cadix.

Portrait de M. Malmusi.

Portraits de ses fils.

Portrait de M. de Martine.

Portrait de M. Daluin.

Portrait de M. Cotelle.

Portrait de son fils Alfred Dehodencq (1862).

Portrait de M. Dumoulin.

Portrait de M. de Kérallet.

Fête juive dans les rues de Tétuan.

Le Conteur.

La Justice.

La Noce.

La Plage.

L'Enterrement.

La Prière à la Mosquée.

Le Fou.

La Fête du Mouton.

Exécution de la Juive.

Deux esquisses de l'exécution de la Juive.

Portrait du gouverneur de Gibraltar.

Foule de portraits au crayon.

Portrait de Dantez en chasseur.

Portrait de Bonnet.

La Bastonnade.

La Malagueña (deux figures de six pieds).

La Noce de nuit à Tanger.

Le Nègre chanteur.

L'Enlèvement d'une Juive.

Portrait de M. Fontenay.

Portrait de Mᵐᵉ Fontenay.

Portrait de Mᵐᵉ Ch. Gide.

Portrait de M. Gide (fils).

1863-1870. — Christophe Colomb au Couvent de la Rabida.

Grande esquisse de ce tableau.

Le Supplice des voleurs.

La Justice du pacha.

La Bonne Aventure (Bohémienne).

Fête juive au Maroc.

Rüth et Noémi.

Charlotte Corday.

Portrait de Théodore de Banville.

L'Adieu de Boabdil.

La Sortie du Pacha.

Le Petit Marocain au plateau.

Portrait de Mme ***.

Portrait de M. Béhic.

Portrait de M. Berthemy.

Portrait de M. Ch. Gide.

Portrait de M. Rochegrosse enfant.

Portrait d'un Polonais.

Portrait du fils de M. Du Mesnil.

Nombreux portraits (pastels, huiles, crayons)
    des enfants du peintre.

Portraits intimes.

- La Petite Bohémienne.

La Négresse à la cruche.

L'Interprète juif.

La Femme de l'Interprète.

Le Musicien juif.

Le Nègre au plateau.

Jeunes Filles marocaines à la fontaine.

- El aguador.

La Juive et la Négresse.

- Bohémienne endormie.

Le petit Juif de Tanger.

El naranjero.

La Fête juive a Tanger (1870).

1870-1881. — Jardin du Luxembourg.

        Portrait d'Edmond Dehodencq.

        Othello.

        Portrait de trois jeunes filles.

        Danse des Nègres à Tanger.

        Même tableau (plus grand).

        La Mariée juive.

        Les Enfants arabes jouant avec la tortue.

        Portrait de M. Dancla.

        Le Liseur.

        Le Bacchus.

        Repos du matin à la ferme.

        Le Conteur marocain.

        Arrestation d'un juif à Tanger.

        Mariage juif.

        Départ des mobiles de la Seine.

        Intérieur d'atelier.

        Les Fils du pacha.

        La Résurrection de la fille de Jaïre.

        Le Muletier.

        Les Terrassiers.

        Une Procession à Bellevue.

        Les Prisonniers marocains.

        Nombreux portraits au pastel :

        Mme Alfred Dehodencq.

        M. Camille Le Senne.

        Mlle J...

        M. Gabriel Séailles.

St-Quentin, — Imp. J. MOUREAU et FILS.

www.ingramcontent.com/pod-product-compliance
Lightning Source LLC
Chambersburg PA
CBHW071635220526
45469CB00002B/628